CAHIER
D'ACTIVITÉS

4e

Technologie

Livre du professeur

Nicolas Malésys
Julien Panetier

Nathan

Crédits photographiques

Photo de couverture : Vincent Callebaut Architectures.

p. 6 : (1) Kengpatinya/Fotolia ; (2) Coprid/Fotolia ; (3) Tiero/Fotolia ; (4) Sablin/Fotolia ; (5) Shutterstock/Sergey Peterman ; (6) Shutterstock/Maxim Ibragimov ; **p. 7 :** Shutterstock/Dmytro Angelovskyi ; **p. 8 :** Shutterstock/Vtis ; Shutterstock/Dmytro Angelovskyi ; Shutterstock/Dmytro Melnikov ; Shutterstock/Igor Klimov ; Shutterstock/Sashkin ; Shutterstock/Bohbeh ; **p. 11 :** Solarimpulse.com © AFP ; **p. 17 :** (g) Arochau/Adobestock ; (d) Belrobotics ; **p. 31 :** (d) voiture connectée Beewi ; (g) Withings part of Nokia ; **p. 34** : Sphero SPRK ; **p. 35 :** Signal Pod ; **p. 37 :** (g) DR ; (d) Netatmo ; **p. 48 :** Petr Malyshev/Adobestock ; **p. 49 :** (g) Creativenature.nl/Adobestock ; (m) Crin/Adobestock ; (d) Pedrosala/Adobestock ; **p. 51 :** (h 1 et 2) Wikkelhouse, Yvonne Witte ; (m) Nathanzappala/Adobestock ; (b) DPA Picture Alliance/Alamy/Hemis ; **p. 55 :** (g) DR ; (m) © arbre à vent newwind.fr (d) Ramon Grosso Dolarea/Shutterstock ; **p. 57 :** A4-Technologie ; **p. 62 :** (1) Kzenon/Adobestock ; (2) Freedon_Naruk/Adobestock ; (3) Dbrus/Adobestock ; (4) Dederico Rostagno/Adobestock ; (5) Aragorik/Adobestock ; (6) David Leahy/Juices Images/Photononstop ; (7) Dmitrimaruta/Adobestock ; **p. 63 :** (1) Timofeev/Adobestock ; (2) Illustrez-vous/Adobestock ; (3) Srki66/Adobestock ; (4) Fantasy/Adobestock ; (5) Frank Fiedler/Shutterstock ; **p. 65 :** Stephen VanHorn/Shutterstock ; **p. 67 :** (htg) Denis and Yulia Pogostins/Shutterstock ; (htd) Zoja/Fotolia ; (bg) Nenov Brothers/Fotolia ; (bd) Cecilia Lim H M/Shutterstock ; **p. 68 :** (1 et 2) DR ; (3) Oleg Doroshin/Fotolia ; (4) Doug McLean/Shutterstock ; (5) Autolib' ; (6) Gameboy® de Nintendo **p. 69 :** (h1) avion bois laboutiquespatiale.com ; (h2) Parrot® ; (h3) Taylor 729/Shutterstock ; (h4) MRC model racing car ; (b1) Brittny/Shutterstock ; (b2) WeStudio/Shutterstock ; (b3) Bradford Waugh Design ; **p. 70 : (h)** AntonioFoto/Shutterstock ; (b) thermomètre infrarouge Visiomed ; **p. 79 :** (1-2-3) A4-Technologie ;

Le logiciel Scratch est développé par le groupe Lifelong Kindergarten auprès du MIT Media Lab. Voir http://scratch.mit.edu.

Les démarches

– Retrouvez les fichiers utiles pour réaliser vos démarches à l'adresse suivante :

collegien.nathan.fr/technologie4

– N.B. : les étapes accompagnées de l'astérisque « * » sont des étapes qui ne peuvent pas être traitées dans la démarche concernée.

Édition : Alexis Roume
Couverture et coordination artistique : Isabelle Jalfre, Vincent Rioult (pour la présente édition)
Fabrication : Emmanuelle Perrier
Maquette intérieure : Aude Paradis
Composition : Alinéa
Schémas : Vincent Landrin, Laurent Blondel
Illustrations : Hubert Blatz
Recherches iconographiques : Geoffroy Mauze

ISBN 978-2-09-167385-1

N° de projet : 10270921
Dépôt légal : août 2021
Achevé d'imprimer en France en août 2021
par la Société TIRAGE - 91941 COURTABŒUF

SOMMAIRE

1 Comment le wifi transmet-il l'information par les ondes ?

Compétence utile pour résoudre cette problématique

- **CS 5.6 -** Comprendre le fonctionnement d'un réseau informatique.

J'analyse des situations

Doc. 1

Doc. 2

Doc. 3

1 **Comment accède-t-on à internet dans chacune des situations ci-dessus ?**

Doc 1 : Câble éthernet / fibre optique.

Doc 2 : Wifi.

Doc 3 : Satellite.

2 **Quelle est la différence entre la situation du Doc. 1 et la situation du Doc. 2 ?**

La situation du Doc 1 semble plus sécurisée car 1 seule personne utilise la connexion, celle-ci est filaire. Dans le Doc 2, la connexion est partagée par plusieurs personnes. Le débit risque aussi d'être plus lent. Elle est sans fil.

3 **Quelles sont les conditions nécessaires pour utiliser une connexion wifi ?**

Il faut disposer d'un point d'accès et d'un appareil équipé d'une carte wifi. La connexion wifi nécessite généralement une authentification par clé.

Je construis mon savoir et mes compétences

1 Le langage binaire ❑ CS 5.6

L'information transmise entre un ordinateur et une imprimante est de nature binaire : chaque bit de donnée ne peut valoir que 0 ou 1. On trace la tension parcourant le câble sur une courte durée, on intercepte ainsi une partie de la trame transmise :

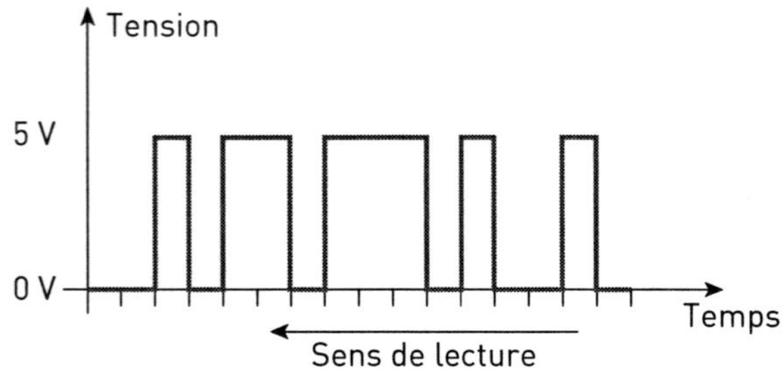

Terminez le décodage du message en binaire (suite de 0 et 1). Vous regrouperez par mots de 1 octet (soit 8 bits) :

Message : 01001011 10110100

2 Les ondes électromagnétiques ❑ CS 5.6

Lisez le texte suivant :

• Les rayons **gamma** γ sont émis par les éléments dits radioactifs, leur danger pour la santé est très important.
• Les **rayons X** pénètrent la matière, ils sont utilisés en radiologie. Une exposition prolongée peut provoquer des brûlures.
• Les rayons **ultraviolets** (U.V.), émis notamment par le soleil, sont invisibles, ils contribuent au bronzage de la peau et peuvent être nocifs à forte dose.
• La **lumière visible** à l'œil se décompose en plusieurs ondes de « couleurs différentes » que l'on peut observer notamment lors d'un arc-en-ciel.
• Le rayonnement **infrarouge** (I.R.) est spontanément émis par tout corps dégageant de la chaleur. On l'utilise notamment pour la détection de mouvement ou la transmission d'information par télécommande.
• Les **micro-ondes** regroupent un large éventail d'ondes dont les domaines d'application passent de la téléphonie, aux radars, au wifi etc.
• Les **ondes radio** sont des ondes de longue portée utilisées dans la transmission des signaux dédiés à la radio et la télévision notamment.

Reliez par une flèche les éléments à leur longueur d'onde :

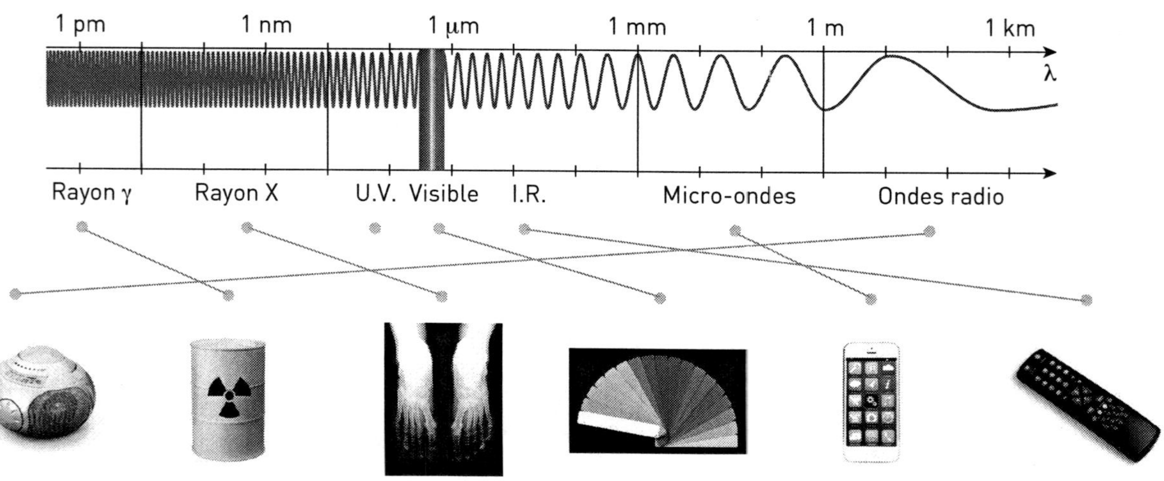

1 Comment le wifi transmet-il l'information par les ondes ?

3 La transmission d'information : les différents supports

❏ CS 5.6

Lors d'une connexion d'un serveur ou d'un ordinateur à internet, les informations transmises peuvent emprunter plusieurs supports.

1 **Attribuez chaque définition au numéro du support du Doc. 4 :**

Support n° 3 : les connexions sans fil utilisant les ondes électromagnétiques (wifi ou Bluetooth) permettent de transmettre une information à haut débit sur une distance limitée. La portée du signal est de 20 à 50 mètres maximum.

Support n° 1 : la fibre optique permet la transmission d'information à très haut débit sur des longues distances.

Support n°2 : les fils de cuivre (câble Ethernet ou USB) permettent de transmettre une information à haut débit sur des longues distances.

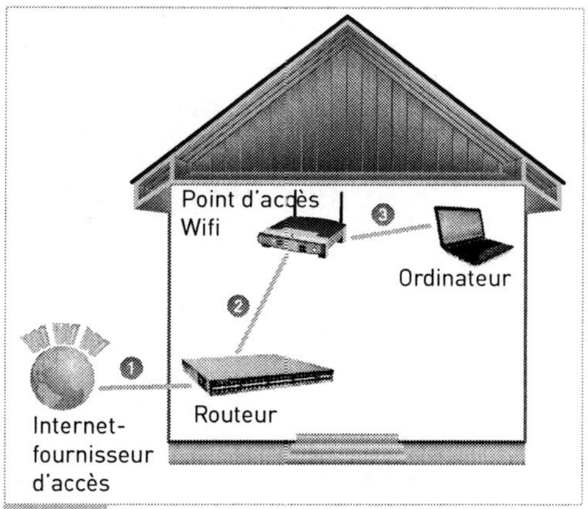

Doc. 4

2 **Attribuez le numéro à la trame à laquelle il correspond.**

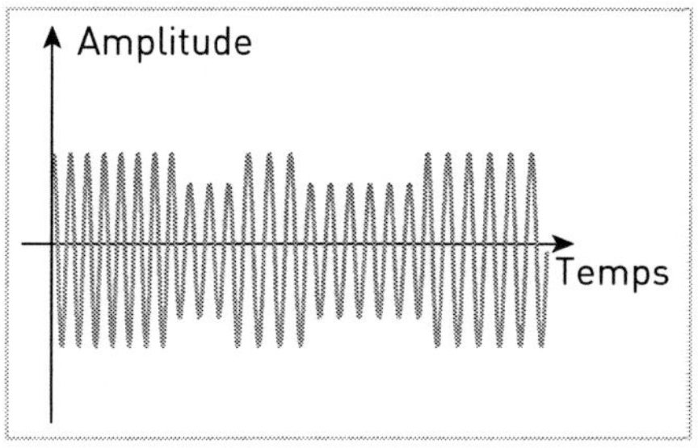

Support n° 3

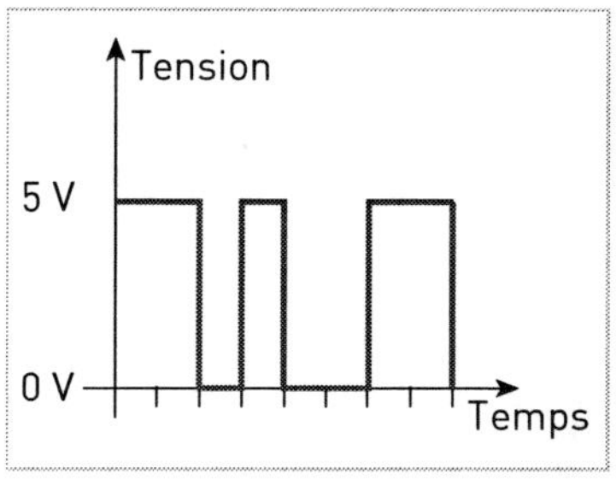

Support n° 2

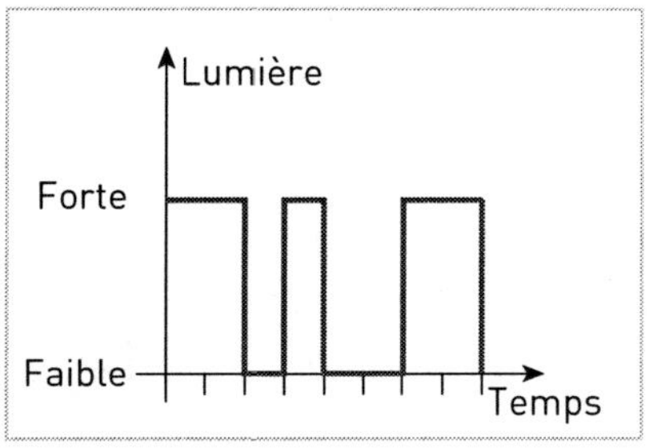

Support n° 1

4 Le protocole wifi

❏ CS 5.6

Ordonnez de 1 à 5 les étapes permettant de se connecter à un réseau par le protocole wifi.

Étape n° 3 : le nouvel ordinateur envoie la clef au point d'accès.

Étape n° 5 : le nouvel ordinateur peut échanger des données sur le réseau wifi.

Étape n° 2 : le point d'accès demande la clef de sécurité (mot de passe).

Étape n° 1 : le nouvel ordinateur demande l'autorisation de se connecter au point d'accès.

Étape n° 4 : le point d'accès confirme la connexion au réseau.

5 Le réseau wifi : constituants et parcours de l'information

❑ CS 5.6

Le schéma suivant représente un réseau local connecté à internet par un routeur et disposant d'un point d'accès wifi. Analysez-le et répondez aux questions.

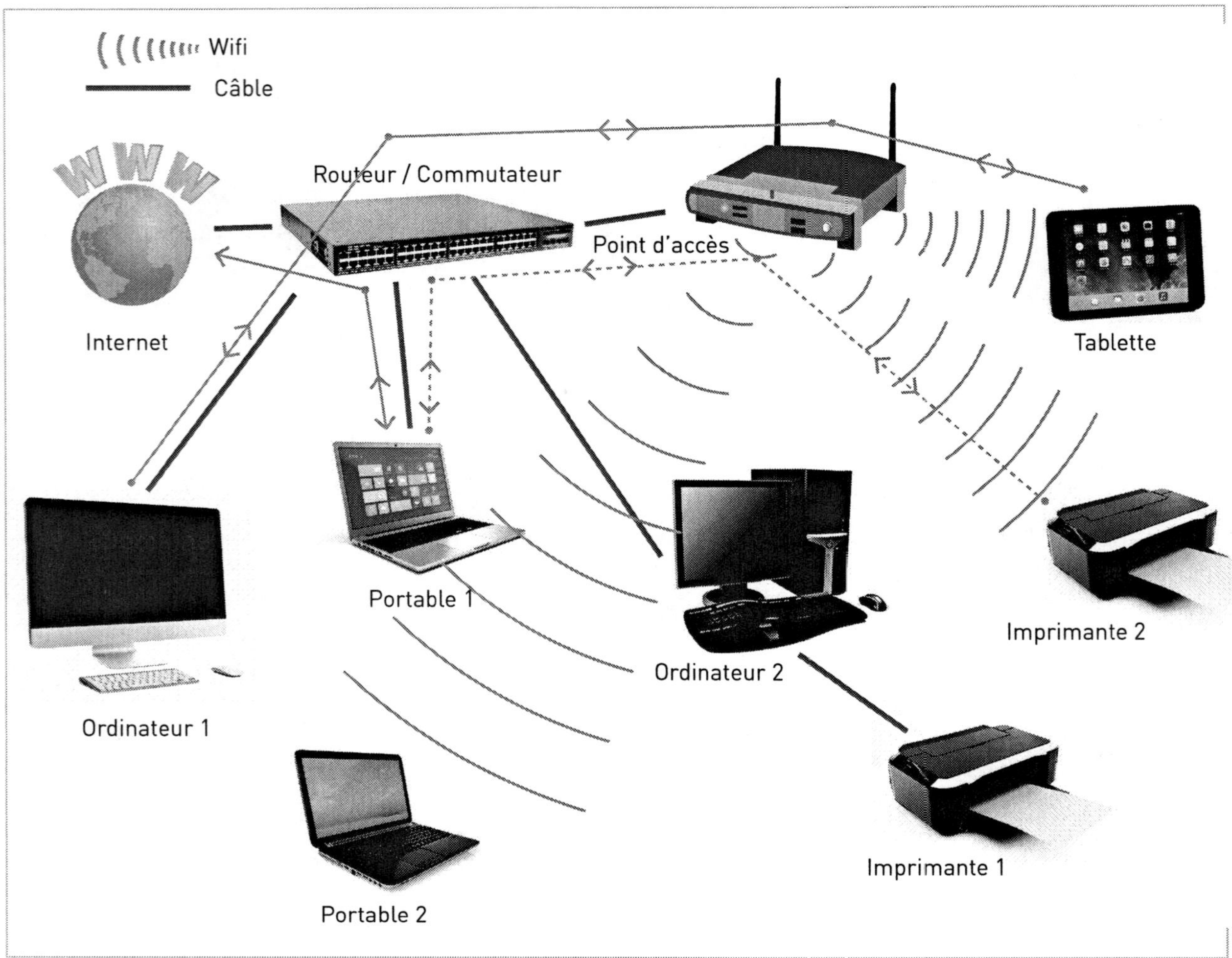

1 Reliez le système à sa définition :

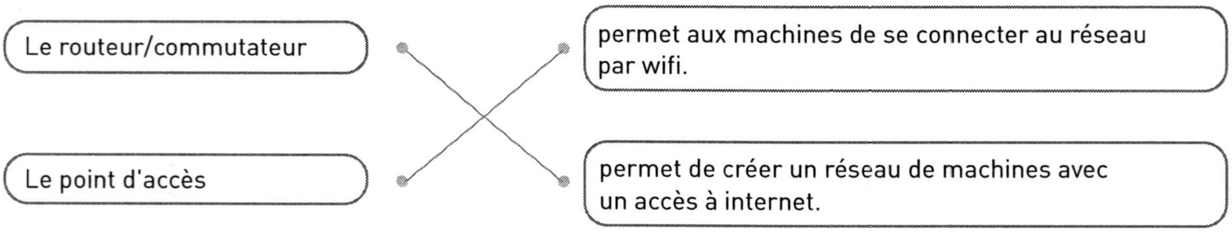

2 Quel ordinateur peut être déplacé dans la maison tout en gardant sa connexion internet en continu ?

Le portable n° 2 (connecté en wifi) (Le n° 1 utilise une connexion filaire).

3 La tablette est utilisée pour visionner des photos stockées sur l'ordinateur 1 : représentez en trait continu noir le parcours de l'information.

4 Le portable 1 est utilisé pour consulter un site internet de vente de billets de spectacle : représentez en trait continu vert le parcours de l'information.

5 L'utilisateur du portable 1 souhaite imprimer le billet de spectacle qu'il vient de télécharger : représentez en trait pointillé vert le parcours de l'information vers l'imprimante.

1 Comment le wifi transmet-il l'information par les ondes ?

J'applique une démarche d'investigation

La situation

Comment le wifi transmet-il l'information par les ondes ?

L'Union Internationale des Télécommunications impose des règles strictes concernant l'émission des ondes radioélectriques définies ainsi : « Ondes radioélectriques ou ondes hertziennes : "ondes électromagnétiques dont la fréquence est par convention inférieure à 300 GHz, se propageant dans l'espace sans guide artificiel" ; elles sont comprises entre 9 kHz et 300 GHz qui correspond à des longueurs d'onde de 33 km à 1 mm ». Chaque pays peut lui-même définir un cadre plus strict sur son territoire.

On souhaite savoir si la transmission par ondes wifi fait l'objet d'une réglementation précise et s'il y a de potentiels dangers pour la santé.

Vous pouvez consulter des sites d'organismes fiables et officiels tels que l'*agence nationale de sécurité sanitaire de l'alimentation, de l'environnement et du travail.*

LA DÉMARCHE

Étape 1 LE PROBLÈME

Reformulez le problème posé.

Corrigé voir page suivante.

Étape 2 LES HYPOTHÈSES

Exprimez des hypothèses et imaginez les recherches ou expériences possibles pour les valider.

Étape 3 LES ACTIVITÉS D'INVESTIGATION

Effectuez les recherches ou les expériences nécessaires.

Étape 4 LA VALIDATION DES HYPOTHÈSES

Mettez en commun vos résultats. Validez l'hypothèse de l'étape 2 ou formulez-en une nouvelle.

Étape 5 LA CONCLUSION

Résumez les connaissances acquises au cours de la démarche.

LA DÉMARCHE EST ABOUTIE SI :

- ✓ *Les recherches nécessaires à la validation de vos hypothèses sont effectuées.*
- ✓ *Les informations trouvées sont triées et classées.*
- ✓ *Les résultats de vos recherches et vos conclusions sont présentés à l'aide d'un outil de présentation informatique de type PowerPoint ou LibreOffice Impress.*

Je fais le bilan

TEST EXPRESS

1 Cochez la bonne réponse :

- Une trame est une suite d'informations logiques échangées entre deux appareils.
  ☒ Vrai ☐ Faux
- La connexion entre deux appareils informatiques nécessite un câble.
  ☐ Vrai ☒ Faux
- Les ondes wifi sont des ondes électromagnétiques.
  ☒ Vrai ☐ Faux

2 Dans un réseau wifi, le point d'accès permet :

☐ d'imprimer des documents.
☒ des échanges d'informations entre les différents appareils connectés.
☐ d'alimenter en énergie les appareils connectés.

3 La portée d'un réseau wifi est d'environ :

☐ 20 km
☐ 2 m
☒ 20 m

4 Classez les définitions suivantes en plaçant une croix dans la bonne case :

	Nature de l'information	Signal support de l'information
Binaire	×	
Onde électro-magnétique		×
Analogique	×	
Courant électrique		×

5 Classez les modes de transmission suivants en plaçant une croix dans la bonne case :

	Câblé	Sans câble
Wifi		×
USB	×	
Fibre optique	×	
Bluetooth		×

À RETENIR

Dans un réseau informatique, les différents appareils peuvent échanger des données sans fil grâce au wifi qui est un protocole de connexion / d'échange de données sans fil ou une connexion Bluetooth.

Le réseau wifi utilise pour support de l'information les micro-ondes (ondes électromagnétiques).

Les performances d'un réseau wifi peuvent se définir grâce aux critères : débit du signal (informations transmises par unité de temps bits / sec).

Portée (distance entre émetteur et appareil).

Corrigé de la démarche

Pistes à suivre pour cette démarche :

Étape 1 Le problème

On attend ici de l'élève qu'il relise la situation pour en extraire les principaux points lui permettant de présenter le problème avec ses propres mots. Pour être correcte, cette reformulation doit reprendre les termes associés à :

– la fréquence des ondes (définition des fréquences employées par le Wifi) ;

– la réglementation ou norme qui encadre les réseaux Wifi publiques ou privés ;

– les effets sur la santé supposés ou démontrés des ondes électromagnétiques.

Étape 2 Les hypothèses

La transmission de l'information par Wifi doit faire l'objet d'une réglementation ou d'une norme permettant la communication des appareils de façon universelle et sûre. On cherchera cette norme et ses caractéristiques. On cherchera si d'autres appareils fonctionnant sur les mêmes longueur d'onde peuvent interférer avec le fonctionnement. Les fréquences utilisées doivent ne présenter aucun danger pour la santé. On cherchera les études publiées à ce sujet. On comparera notamment les effets et les niveaux d'exposition des ondes wifi avec les ondes émises par la téléphonie mobile, les appareils ménagers (écrans, télévisions, éclairages etc.) par exemple.

Étapes 3 et 4 Travaux de l'élève.

Étape 5 La conclusion

Cette démarche d'investigation a permis :

• D'établir la nécessité de définir une norme (IEEE 802) permettant d'établir un protocole de communication définit de manière internationale.

• De mettre en évidence que les protocoles de communication doivent garantir la sécurité des données échangées pour respecter la vie privée des utilisateurs.

• De comprendre que la conception d'un objet technique et son emploi n'est pas neutre sur l'environnement et que son impact doit être pris en compte.

• Que les ondes électromagnétiques ont un effet sur le vivant.

• Que les fréquences employées pour le Wifi et la distance entre les émetteurs et les utilisateurs engendrent une exposition moindre comparée à celle du téléphone mobile.

2 Comment rendre un système autonome en énergie ?

Compétences utiles pour résoudre cette problématique

- **CT 1.3** - Rechercher des solutions techniques à un problème posé, expliciter ses choix et les communiquer en argumentant.
- **CS 1.6** - Analyser le fonctionnement et la structure d'un objet, identifier les entrées et sorties.
- **CT 2.2** - Identifier le(s) matériau(x), les flux d'énergie et d'information dans le cadre d'une production technique sur un objet et décrire les transformations qui s'opèrent.
- **CT 2.4** - Associer des solutions techniques à des fonctions.

J'analyse des situations

Solar Impulse 2 est un avion solaire qui a terminé en 2016 un tour du monde en 17 étapes. La plus longue était entre Nagoya au Japon et Hawaï aux USA, avec une distance de 7 212 km pour une durée de vol de 117 h 52 min.

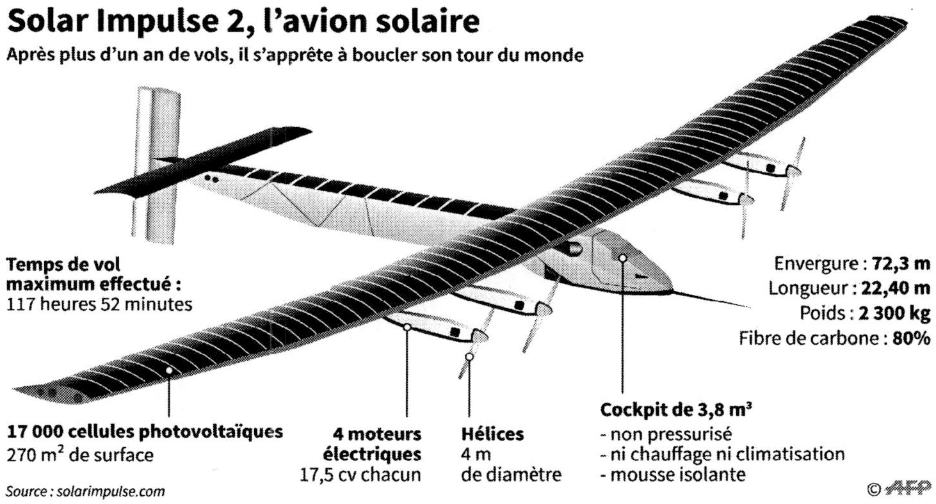

1 **Quels étaient les moyens mis en place pour subvenir aux besoins énergétiques de l'avion ?**

Panneaux solaires le jour / Batteries la nuit.

2 **Lors des vols de nuit, d'où l'avion puisait-il son énergie ?**

Les batteries (qui se rechargeaient le jour).

3 **À votre avis, aurait-il pu y avoir un second siège dans le cockpit ?**

Un deuxième siège aurait augmenté la masse de l'avion et nécessité une énergie plus importante pour le faire voler ⇒ NON.

1 Les énergies renouvelables

❑ CS 1.6

1 **Entourez en vert les énergies renouvelables et en rouge les énergies non renouvelables.**

- fossile → rouge
- solaire → vert
- biomasse → vert
- nucléaire → rouge
- éolienne → vert
- géothermique → vert
- hydraulique → vert

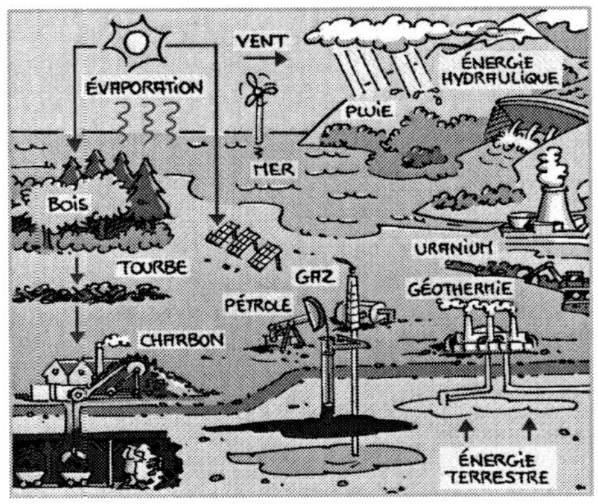

2 **Quels sont les avantages et les inconvénients des énergies solaire et éolienne ?**

Avantages	Inconvénients
Gratuite. Renouvelable à l'infini. Disponible partout.	Dépendant de la météo… Pas constant dans le temps. [vent variable à chaque instant (vitesse, direction)]

2 La conversion des énergies

❑ CS 1.6

Pour pouvoir utiliser l'énergie disponible, les objets techniques la convertissent le plus souvent en une énergie de nature différente.

Reliez chaque objet technique à l'énergie entrante et sortante qui lui correspond.

Énergie entrante	Objet technique	Énergie sortante
Énergie éolienne	Chaudière au fioul	Énergie chimique
Énergie solaire	Moulin à vent	Énergie électrique
Énergie fossile	Panneau photovoltaïque	Énergie mécanique (mouvement ou effort)
Énergie électrique	Locomotive à vapeur	Énergie thermique
Énergie chimique	Batterie en charge	
	Batterie en fonctionnement	

3 Représentation fonctionnelle d'un scanner portable

❑ CT 2.4 ❑ CT 1.3

Un scanner portable permet de scanner des documents très rapidement et n'importe où.

Un câble USB sert à l'alimentation électrique et à l'échange des données avec l'ordinateur.

Les différents constituants des chaînes d'information et d'énergie sont présentés sur la figure ci-contre (capot supérieur ouvert).

Certains modèles, comme celui étudié ici, permettent de scanner en recto/verso en un seul passage de la feuille. La numérisation démarre grâce à un appui sur le bouton.

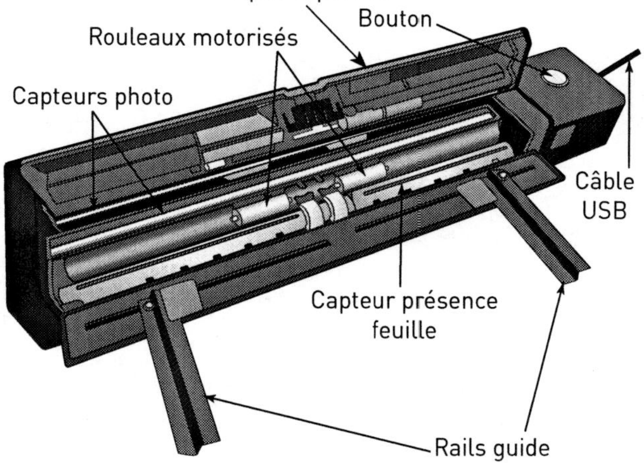

Doc. 1 Schéma d'un scanner (capot supérieur ouvert).

La représentation fonctionnelle est une représentation graphique qui décompose la fonction principale d'un objet en fonctions techniques. Elle permet aussi d'identifier les composants qui remplissent chaque fonction technique.

Complétez la représentation fonctionnelle ci-dessous du scanner portable décrit dans le Doc. 1.

Fonction attendue	Fonctions techniques	Solutions techniques
Numériser un document	Alimenter en énergie	Câble USB
	Détecter la feuille	Capteur présence feuille
	Guider la feuille	Rails
	Déplacer la feuille	Rouleaux motorisés
	Numériser la feuille	Capteurs photo
	Transmettre des données	Câble USB
	Lancer la numérisation	Bouton

4 La chaîne d'énergie de la pédale clignotante ❑ CT 2.2 ❑ CT 2.4

La pédale clignotante est une pédale qui possède trois LEDs qui commencent à clignoter dès que le cycliste actionne les pédales. Elle ne nécessite pas de pile et utilise l'énergie humaine fournie lors du pédalage.

Un interrupteur placé sur l'intérieur du cadre de la pédale permet d'activer ou non le fonctionnement des LEDs.

L'énergie mécanique de rotation de l'axe de la pédale est transmise à la génératrice électrique par l'intermédiaire d'un système d'engrenages.

Cette génératrice fournit alors l'énergie électrique nécessaire au fonctionnement de la carte électronique et des LEDs. L'énergie stockée dans un condensateur permet également à la pédale de continuer son fonctionnement même lorsque l'utilisateur n'actionne pas les pédales.

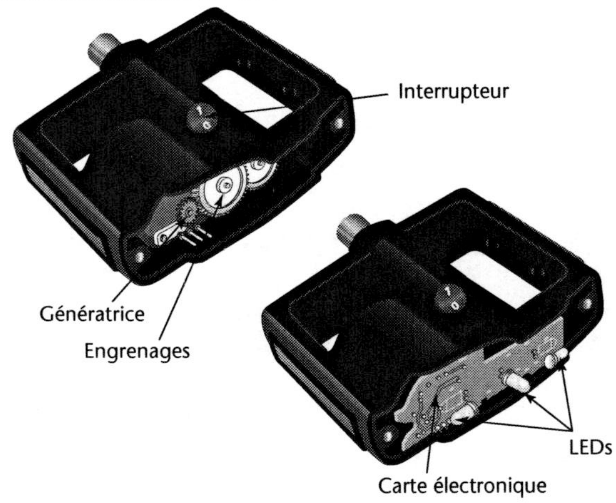

Doc. 2

1 Pour chaque objet technique, indiquez la nature des énergies entrante et sortante.

Énergie entrante	Objet technique	Énergie sortante
Énergie musculaire	Pédale	Énergie mécanique
Énergie mécanique	Engrenages	Énergie lumineuse
Énergie électrique	Génératrice	Énergie électrique
	Condensateur	
	LED	

2 Reliez chacun des objets techniques au verbe d'action correspondant.

Objet technique	Verbe d'action
Interrupteur	
Pédale	**Transmettre** (transporter l'énergie).
Engrenages	**Convertir** (modifier la nature de l'énergie).
Génératrice	**Stocker** (conserver l'énergie avant de la restituer).
Condensateur	**Distribuer** (agir sur la quantité d'énergie distribuée).
LED	

La représentation graphique utilisée pour suivre le cheminement et les transformations de l'énergie dans le système est appelée « chaîne d'énergie ».

3 Complétez la chaîne d'énergie de la pédale clignotante. Vous préciserez le nom des objets techniques, la fonction de chacun d'eux et leurs entrée/sortie comme indiqué sur l'exemple ci-contre.

Exemple : Énergie éolienne → **Convertir** → Énergie électrique ; Éolienne

Énergie musculaire → Convertir (Pédale) → Énergie méca → Transmettre (Engrenages) → Énergie méca → Convertir (Génératrice) → Énergie électrique → Stocker (Condensateur) → Énergie électrique → Convertir (LED) → LED allumée

J'applique une démarche d'investigation

La situation

Comment rendre un système autonome en énergie ?

Une équipe scientifique part établir un camp d'observation en plein milieu d'une zone naturelle protégée. Ils doivent travailler, nuit et jour, tout en respectant les contraintes de préservation du milieu naturel, et dans les meilleures conditions, qu'elles soient d'ordres techniques (fonctionnement des appareils électroniques, etc.) ou de nature hygiénique (eau chaude, ...).

On souhaite rendre le camp d'observation autonome en énergie propre ; caractériser les différentes grandeurs physiques permettant de faire un choix sur les sources d'énergie à utiliser ; réaliser les représentations fonctionnelles des différentes solutions retenues, et mettre en place les chaînes d'énergie qui permettent aux différents appareils du camp de fonctionner dans les meilleures conditions afin d'établir une liste du matériel qu'ils devront ajouter dans leurs « bagages ».

LA DÉMARCHE

Étape 1 LE PROBLÈME

Reformulez le problème posé.

Corrigé voir page suivante.

Étape 2 LES HYPOTHÈSES

Exprimez des hypothèses et imaginez les recherches ou expériences possibles pour les valider.

Étape 3 LES ACTIVITÉS D'INVESTIGATION

Effectuez les recherches ou les expériences nécessaires.

Étape 4 LA VALIDATION DES HYPOTHÈSES

Mettez en commun vos résultats. Validez l'hypothèse de l'étape 2 ou formulez-en une nouvelle.

Étape 5 LA CONCLUSION

Résumez les connaissances acquises au cours de la démarche.

LA DÉMARCHE EST ABOUTIE SI :

- ✓ *Les énergies nécessaires et disponibles sont référencées.*
- ✓ *Les chaînes d'énergie des différents systèmes de conversion sont réalisées.*
- ✓ *Les énergies d'entrée et de sortie de chacun des composants des chaînes d'énergie sont précisées.*
- ✓ *La représentation fonctionnelle est réalisée.*

Je fais le bilan

TEST EXPRESS

1 Pour être renouvelable, une énergie doit :

☐ ne pas engendrer de déchets.
☐ être disponible 24 heures sur 24.
☒ exister en quantité inépuisable.

2 Pour obtenir une énergie électrique à partir d'une énergie mécanique, il est possible d'utiliser :

☐ un moteur.
☐ un capteur.
☒ une génératrice.

3 Une chaîne d'énergie est :

☐ un composant qui permet de transmettre l'énergie dans un système.
☒ une représentation schématique des diverses transformations d'énergie dans un système.

4 À quoi correspond la fonction « convertir » de la chaîne d'énergie ?

☐ Transporter l'énergie.
☒ Modifier la nature de l'énergie.
☐ Conserver l'énergie avant de la restituer.

5 Pour un vélo à assistance électrique, précisez le nom de l'objet technique de chaque bloc qui se retrouve dans la chaîne d'énergie parmi : *Batterie, Roue, Chaîne, Moteur* et *Pédalier*.

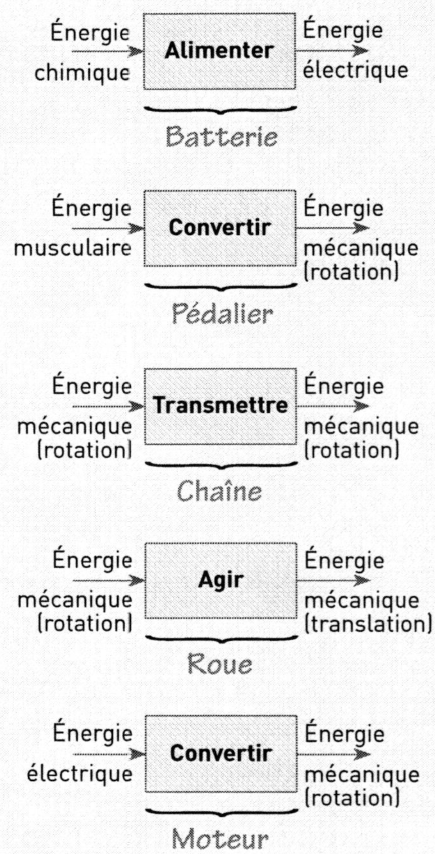

À RETENIR

Dans une chaîne d'énergie :

Alimenter c'est fournir l'énergie nécessaire au fonctionnement de l'objet.

Convertir c'est modifier la nature de l'énergie.

Transmettre c'est transporter l'énergie d'un composant à un autre.

Les avantages de l'énergie solaire et de l'énergie éolienne sont une quantité inépuisable disponible.

Leur inconvénient est qu'elles ne sont pas disponibles tout le temps et leurs caractéristiques varient (intersite, direction...).

Corrigé de la démarche

Pistes à suivre pour cette démarche :

Étape 1 Le problème

Reformuler le problème posé

Le matériel utilisé par l'équipe de recherche a besoin d'énergie électrique pour fonctionner. Les batteries ne peuvent pas fournir une énergie suffisante sur plusieurs jours. Il faut donc trouver une solution pour fournir de l'énergie électrique au campement.

La mission d'exploration dure plusieurs jours, les scientifiques doivent pouvoir subvenir à leurs besoins naturels (manger, se laver, etc.). Un des problèmes à étudier peut être la production d'eau chaude comme le propose l'illustration avec la personne qui prend sa douche.

Étape 2 Les hypothèses

Exprimez des hypothèses et imaginez les recherches ou expériences possibles pour les valider.

Les élèves sont ici amenés à décrire l'environnement de l'étude afin de lister les sources d'énergie disponibles. Si l'environnement retenu par les élèves est celui de l'illustration, les énergie disponibles sont donc solaire, hydraulique et éolienne.

Dans d'autres environnements, exploration dans des zones polaires par exemple, les énergies hydraulique et solaire peuvent ne pas être disponibles ; par contre, l'énergie éolienne serait exploitable.

Une hypothèse importante à prendre en compte est le caractère de zone naturelle protégée, l'impact environnemental doit donc être nul.

Parmi les expériences/recherche possibles, on pourra amener les élèves à étudier le comportement d'une éolienne, d'un moulin à eau, d'une lampe à manivelle (annexe 5), d'une dynamo de vélo, d'un panneau photovoltaïque (que l'on retrouve sur des calculatrices, lampes, radios, chargeurs de batterie, etc.) ou d'un panneau solaire (pour produire l'eau chaude).

Étape 3 Les activités d'investigation

Effectuez les recherches ou les expériences nécessaires.

Le professeur doit pouvoir fournir du petit matériel comme celui listé dans l'étape précédente. Les élèves devront être guidés dans les activités en leur proposant d'analyser l'influence de différents paramètres comme l'intensité de l'énergie entrante (vitesse de l'éolienne ou de la manivelle), l'intensité de la lumière sur le panneau solaire ou photovoltaïque.

Durant ces activités, les élèves doivent pouvoir accéder à l'intérieur des systèmes pour observer les différents composants assurant la conversion de l'énergie en énergie électrique, le plus souvent, mais aussi parfois en énergie calorifique (si les élèves décident d'analyser un panneau solaire).

Étape 4 La validation des hypothèses

Mettez en commun vos résultats. Validez l'hypothèse de l'étape 2 ou formulez-en une nouvelle.

Les résultats présentés par les élèves devront respecter le vocabulaire introduit dans ce chapitre et la représentation par chaîne fonctionnelle et chaîne d'énergie dans les cas où les conversions d'énergie se font via plusieurs composants. Dans ce cas, la fonction et les énergies entrante et sortante de chaque composant devront être identifiées.

Étape 5 La conclusion

Résumez les connaissances acquises au cours de la démarche.

Cette démarche d'investigation aura permis d'identifier les différentes énergies disponibles dans un milieu donné et de présenter différents systèmes de conversion d'énergie. L'utilisation d'outils graphiques (chaîne fonctionnelle et chaîne d'énergie) associée à un vocabulaire précis doit permettre une communication précise entre les élèves.

3 Comment programmer un robot ramasseur de balles ?

Compétences utiles pour résoudre cette problématique

- **CT 4.2** - Appliquer les principes élémentaires de l'algorithmique et du codage à la résolution d'un problème simple.
- **CT 5.1** - Simuler numériquement la structure/le comportement d'un objet.

J'analyse des situations

Doc. 1 Pour s'entraîner, les golfeurs disposent d'un practice, terrain qui leur permet de réaliser à plusieurs reprises le même coup.

Doc. 2 Comme plusieurs golfeurs « jouent » sur le même practice, il est formellement interdit d'aller rechercher ses balles, c'est un robot qui s'en occupe.

1 Quel parcours peut adopter le robot pour optimiser sa tâche ?

Le robot pourrait partir d'un point et décrire une hélice de plus en plus grande afin de ne pas passer plusieurs fois au même endroit.

2 Comment le robot peut-il détecter les limites du terrain ?

Les limites du terrain peuvent être physiques (bordures), on peut alors utiliser un capteur de contact, ou virtuelles : champ magnétique, on utilise alors un capteur magnétique.

3 Comment peut-on simuler, dans un programme, le ramassage d'une balle par le robot ?

Dans un programme, on peut faire disparaître la balle et ajouter 1 à une variable qui compte le nombre de balles ramassées (ou retirer 1 à une variable qui mémorise le nombre de balles sur le terain).

1 Réaliser des objets interactifs sur Scratch

❑ CT 4.2

Le principe du jeu « casse brique » est de faire rebondir une balle sur une barre, contrôlée par le joueur, pour qu'elle détruise les briques en les touchant.
Dans cette activité, nous allons nous intéresser au comportement de la balle, de la barre et ensuite, gérer le comportement lors du contact balle/barre. Pour cette première activité, aidez-vous de l'Annexe 17 *Comment créer un Lutin* et des rabats *Notions de base pour créer un algorithme* et *Notions de base pour programmer sur Scratch*.

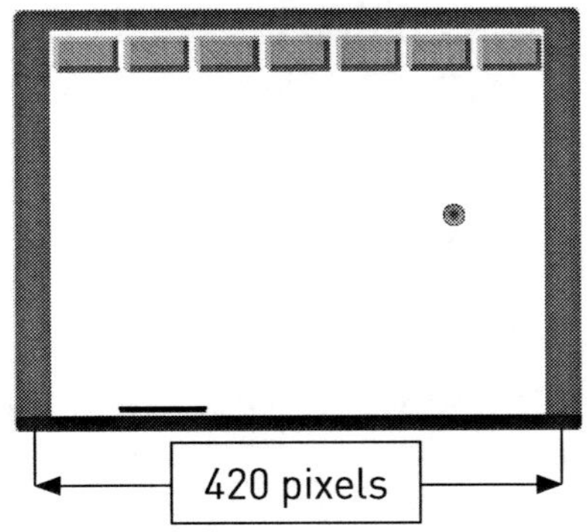

① **Ouvrez Scratch et changez l'arrière-plan** en utilisant le fichier image ***fond.png*** fourni par votre professeur. Si vous créez votre propre fond, la distance entre deux murs doit être de 420 pixels environ.

Création de la balle et programmation de son déplacement

② **Créez un lutin (sprite) nommé *Balle*** qui aura la forme d'un disque plein d'environ 20 pixels de diamètre.

Pour gérer le mouvement, nous allons utiliser deux variables *dxballe* et *dyballe* qui vont respectivement s'ajouter à l'abscisse *x* et l'ordonnée *y* de la balle de manière infinie.

③ **Activez le code de l'arrière-plan, et créez ces deux nouvelles variables** (menu *Variables*) utilisables pour tous les lutins (sprites) (puisqu'elles doivent notamment être utilisées par la balle). **Initialisez ces deux variables à la valeur 3 au démarrage du programme.**

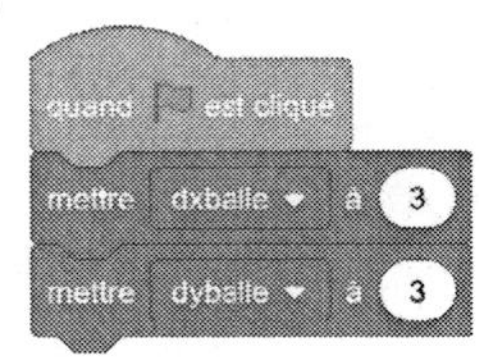

④ **Dans le code de la *Balle*, ajoutez les blocs qui permettent de déplacer la balle dès que le programme est lancé.**

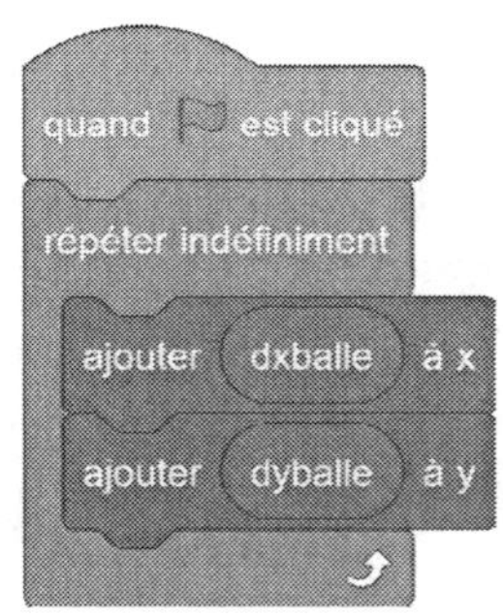

Lorsque la balle touche les murs ou le plafond, elle doit rebondir. Un rebond sur le mur de droite va correspondre à une inversion du sens de déplacement que l'on simulera par un changement de signe de la variable *dxballe*.

⑤ **Dans le code de la *Balle*, dans *Mouvement*, cochez *abscisse x* et *ordonnée y* pour que leurs valeurs soient affichées sur la scène, puis mettez en contact le bord de la balle avec le mur de droite et notez la valeur de l'abscisse :**

....

⑥ **Ajoutez une boucle conditionnelle qui changera le signe de *dxballe* en fonction de la valeur de l'abscisse *x* que vous avez relevée. Voir ci-contre** (attention, ne pas mettre d'espace entre « - » et « 1 »).

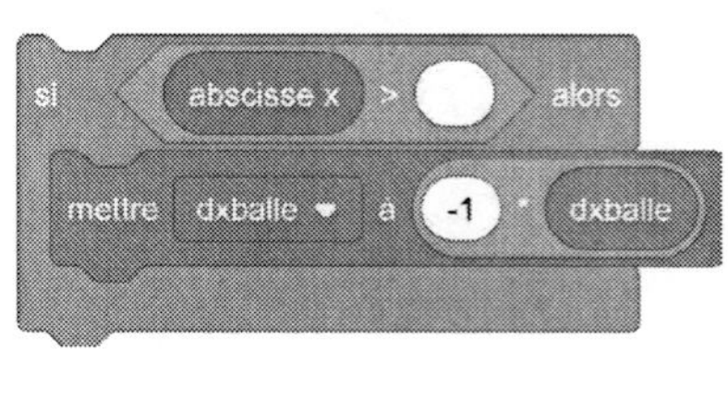

⑦ **Complétez le code de la balle pour qu'elle rebondisse également sur le mur de gauche et le plafond (en utilisant l'ordonnée *y*).**

Création de la barre et programmation de son déplacement

⑧ **Créez un nouveau lutin (sprite) *Barre* sous la forme d'un rectangle horizontal noir (quelques pixels de haut pour environ 50 de large). Placez cette barre au milieu de la scène juste au-dessus du sol.**

⑨ **Programmez le mouvement de la barre pour qu'elle se déplace de 5 pixels vers la droite lorsque la touche *flèche droite* est appuyée :** quand la touche flèche droite ▾ est pressée **. Faites de même pour le mouvement vers la gauche.**

Gestion du rebond sur la barre

Dans le menu *Capteur*, nous allons utiliser la fonction « touche le » qui permet de détecter le contact entre deux lutins (sprite).

⑩ **Dans le code de la *Balle*, mettez en place les blocs ci-contre pour que son mouvement suivant l'axe vertical soit inversé lorsqu'elle touche la barre.**

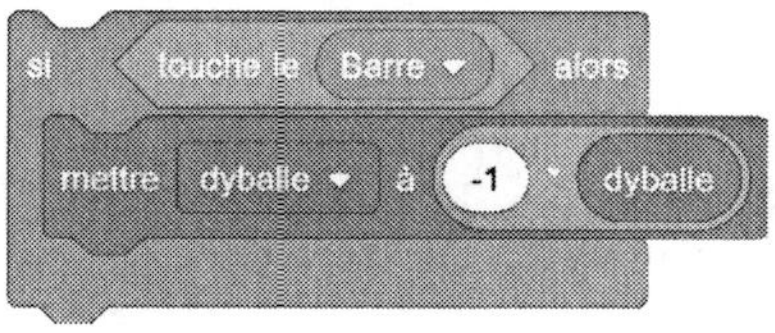

Gestion de la fin de partie

La partie est perdue quand la balle touche le sol, matérialisé par une ligne bleue. La balle s'arrête et un message « Perdu ! » s'affiche.

⑪ **Complétez le code de la balle pour afficher « Perdu ! » quand elle rencontre le sol : créez une boucle conditionnelle utilisant la fonction « couleur touchée ? » du menu *Capteurs*, et la fonction** dire **du menu *Apparence*.**

Aide

Pour obtenir la bonne couleur dans le bloc « couleur touchée ? », il faut cliquer sur la couleur de la fonction puis sur l'icone et enfin sur la ligne bleue qui matérialise le sol sur la scène :

couleur ○ touchée ? devient couleur ● touchée ?.

⑫ **Ajoutez à la boucle précédente la fonction** stop ce script ▾ **du menu *Contrôle*.**

2 Créer des clones et gérer leur comportement

❑ CT 4.2

Pour compléter le jeu de casse brique, il faut maintenant ajouter des briques à la scène et gérer leur comportement. Dans ce jeu, chaque brique aura le même comportement : si elle est touchée par la balle, elle disparaît de la scène. Nous allons donc utiliser la fonction « clonage » de Scratch pour créer les briques et les mettre en place.

Création du mur de briques sur la scène

① **Créez un lutin (sprite) *Brique* de couleur orange et de forme rectangulaire (60 x 20 pixels environ) ou utilisez celle fournie par votre professeur. Veillez à bien centrer la brique dans la zone de dessin.**

Dans un premier temps, le mur de briques sera composé d'une seule rangée de briques qui seront placées sur la scène grâce à la fonction « Aller à » et à l'utilisation d'une boucle *répéter*. Pour réaliser cette opération, il est nécessaire de connaître la largeur de la scène afin de déterminer le nombre de briques qu'il est possible de mettre sur une rangée (la taille de la brique est déjà connue).

② **Placez le lutin *Brique* en haut à gauche de la scène. Relevez les coordonnées *x* et *y* indiquées en bas à droite dans la fenêtre du lutin (sprite) qui correspondent à la position de la première brique du mur à créer.**

③ **Dans le code de la scène, créez deux variables *Xbrique* et *Ybrique*.**

④ **Réalisez le code qui permet de créer 6 clones de *brique* aux positions *Xbrique* et *Ybrique*. Les centres des briques seront espacés de 62 pixels (c'est-à-dire la largeur de la brique + 2 pixels d'espace).**

Il faut maintenant programmer le comportement de la brique en tant que Clone en utilisant la fonction « quand je commence comme un clone » de la bibliothèque *Contrôle*.

⑤ **Sur le code de la brique, faites en sorte que les clones de brique apparaissent à la position imposée par le script précédent en insérant le script ci-contre.**

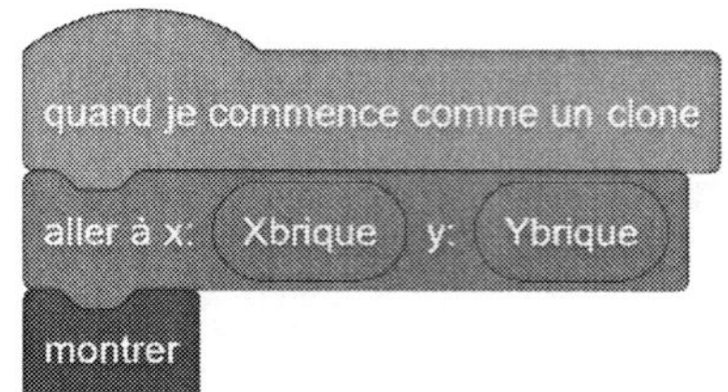

⑥ **Testez l'affichage des briques en cliquant sur le drapeau vert de la scène. Que constatez-vous ?**

⑦ **Ajustez, si besoin, la valeur initiale de *Xbrique* pour centrer le mur sur la scène.**

Gestion du comportement des briques et de la balle

Dès qu'une brique est touchée par la balle, la brique disparaît et la balle change de direction. L'intérêt d'avoir utilisé la fonction de clonage est que chaque clone va garder le comportement qui est défini par le script du lutin dont il est le clone.

⑧ **Complétez le code de la brique par le code ci-contre qui teste si la brique est touchée par la *Balle*, auquel cas, la balle change de direction et le clone disparaît.**

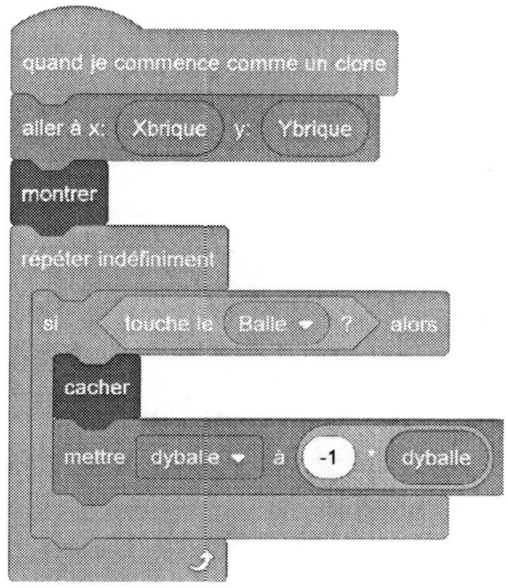

Gestion de la fin de la partie

La partie est gagnée lorsque toutes les briques ont disparu, le message « Gagné ! » apparaît et le mouvement de la balle est à stopper.

⑨ **Dans la scène, créez une variable *Briques_restantes* permettant de compter les briques restantes sur la scène afin de gérer la fin de la partie. Ce score devra être visible sur la scène (cochez la case dans le menu *Variables*).**

⑩ **Dans le code de la scène, fixez la valeur de *Briques_restantes* à 0 juste avant la boucle de création des briques et dans cette boucle, ajoutez la valeur 1 à *Briques_restantes* à chaque création de clone de brique.**

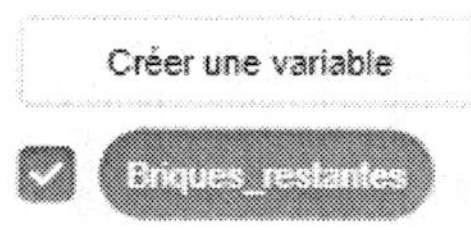

⑪ **Dans le code de la brique, réduisez la valeur de la variable quand une brique est touchée.**

⑫ **Dans le code de la balle, en dessous du test sur la fin de partie, ajoutez une boucle conditionnelle qui permet d'afficher « Gagné ! » quand il ne reste plus de briques sur la scène.**

⑬ **Testez que le programme fonctionne bien lorsque la partie est gagnée.**

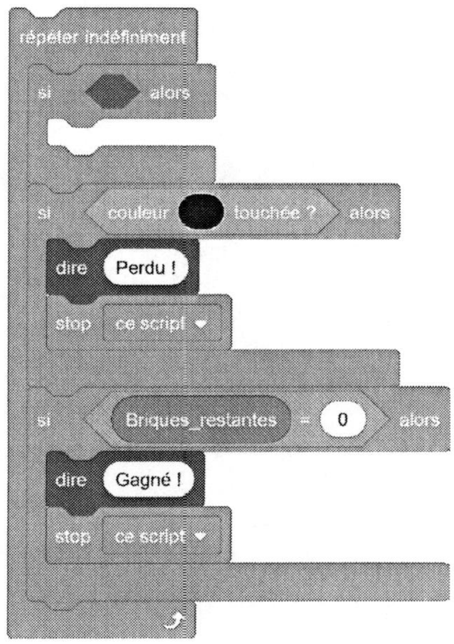

3 Utiliser des sous fonctions

❑ CT 5.1

L'utilisation des sous fonctions permet généralement de simplifier la structure d'un programme en diminuant le nombre de blocs du code lorsqu'une fonction est répétée plusieurs fois sous une forme légèrement différente.

Dans le cas du casse brique, le changement de direction de la balle est réalisé plusieurs fois : au contact des murs, du plafond, de la barre et des briques. Le but de cette activité est donc de mettre en place une sous fonction qui réalisera tous ces changements.

Création de la sous fonction

Dans un premier temps, nous allons créer une sous fonction qui inversera la direction de la balle au contact des murs. Dans Scratch, une sous fonction correspond à un bloc.

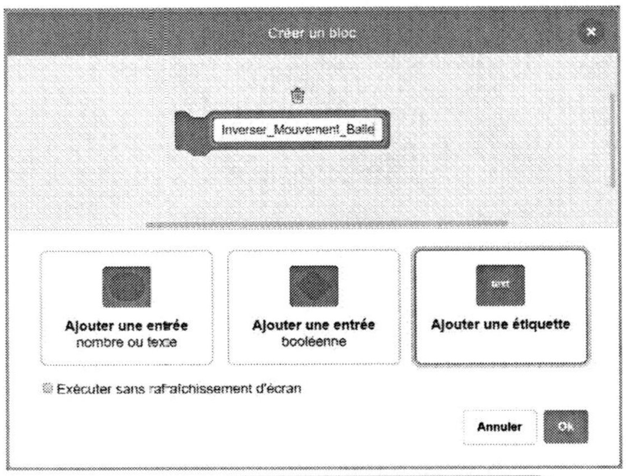

① **Dans le code de la balle, ajoutez un nouveau bloc en cliquant sur le menu *Mes blocs,* puis *Créer un bloc* et enfin, dans la fenêtre qui s'ouvre, donnez le nom du bloc « Inverser_Mouvement_Balle ». Validez.**

② **Complétez le code du nouveau bloc pour que la direction de la balle soit inversée suivant la direction *x*.**

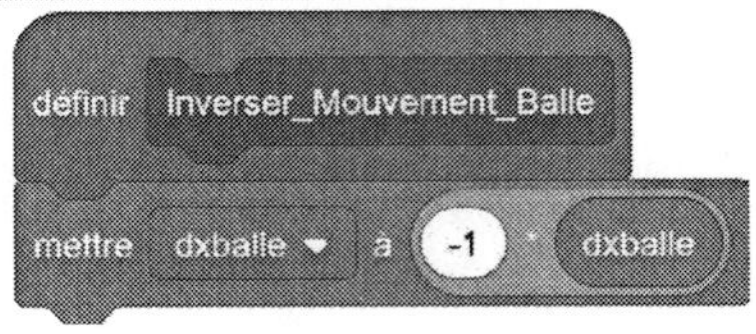

③ **Dans le code de la balle, remplacez le bloc** 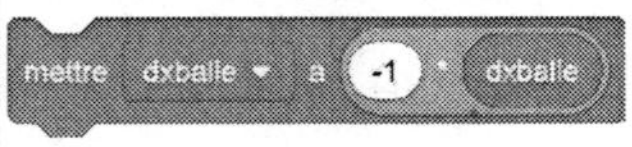

par le bloc 

disponible dans le menu *Mes blocs*. Testez le jeu pour valider le bon fonctionnement de la sous fonction.

Enrichissement de la sous fonction

Nous allons compléter la sous fonction pour gérer aussi l'inversion de mouvement suivant la direction *y*. Pour cela, il faut ajouter une variable à la sous fonction pour qu'elle connaisse la direction à inverser (*x* ou *y*).

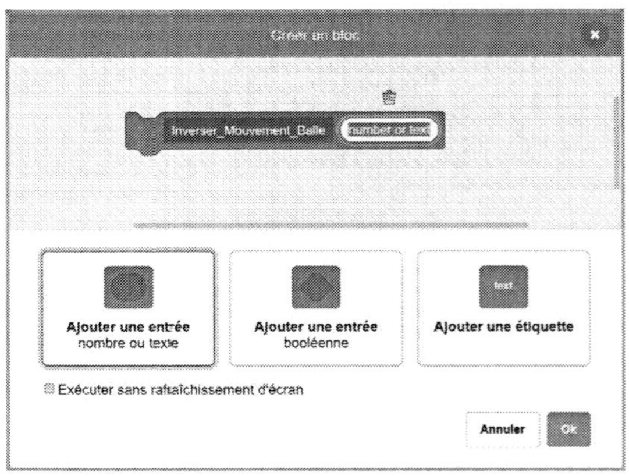

④ **Dans le menu *Mes blocs*, cliquez-droit sur** 

et choisissez *modifier*.

Ajoutez une entrée « nombre ou texte » au bloc à partir des options et changez « nombre ou texte » en « direction ».

⑤ **Complétez le code ci-contre de la sous fonction pour que le changement de trajectoire de la balle soit géré dans les deux directions (*x* et *y*). Pour récupérer la variable direction, utilisez le glisser/déposer à partir de** 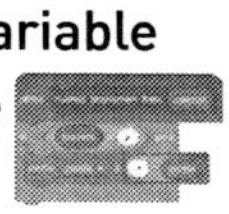 **dans l'entête du bloc.**

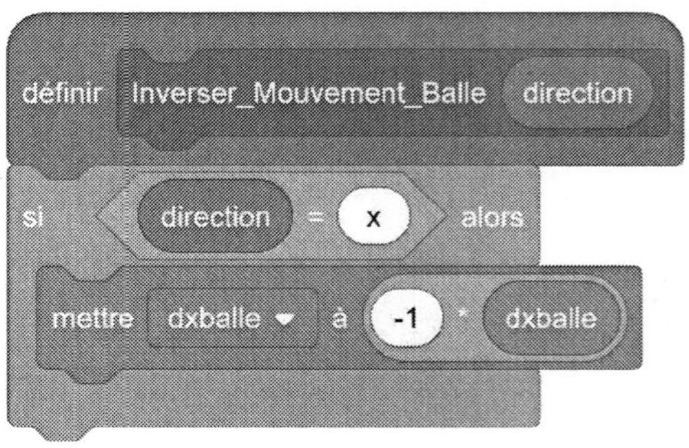

Lors de l'appel du bloc, il faut maintenant préciser la direction à inverser (*x* ou *y*).

⑥ **Reprenez le code de la balle et remplacez les « anciens » blocs d'inversion de direction par le bloc** 

ou 

suivant la direction à inverser.

Remarque : *sous Scratch, une sous fonction (bloc) est locale, elle ne peut pas être utilisée par un autre lutin.*

J'applique une démarche de projet

La situation

Comment programmer un robot ramasseur de balles ?

Afin de programmer le comportement d'un robot ramasseur de balles, on se propose ici de simuler son comportement via le logiciel de programmation Scratch avec le terrain ci-contre.

Le robot partira de son point de départ (flèche rouge), devra se déplacer tout seul pour ramasser toutes les balles de golf réparties aléatoirement sur le gazon. Lorsque toutes les balles seront ramassées, il devra regagner son point de départ.

L'image du terrain de golf sera fournie par votre professeur : format 480 × 360.

LA DÉMARCHE

Étape 1 LE BESOIN

Analysez le besoin.

Corrigé voir page suivante.

Étape 2 LE CAHIER DES CHARGES

Rédigez le cahier des charges, en indiquant les contraintes à respecter et les critères à prendre en compte.

Étape 3 L'ÉCO-CONCEPTION*

Effectuez la conception du système en privilégiant les énergies et les matériaux les plus respectueux de l'environnement.

Étape 4 LA PRÉSENTATION ORALE*

Présentez les solutions techniques retenues et les raisons de ces choix.

Étape 5 LE PROTOTYPE OU LA SIMULATION

Réalisez un prototype du projet ou sa simulation numérique.

Étape 6 LA VALIDATION DES SOLUTIONS

Vérifiez grâce à la simulation ou par des mesures et des tests sur le prototype que les contraintes du cahier des charges sont bien respectées.

LE PROJET EST ABOUTI SI :

- ✓ *Le choix des lutins et l'intérêt d'en cloner certains sont justifiés.*
- ✓ *Le comportement de chaque lutin est programmé.*
- ✓ *Le comportement du robot est testé et validé.*

Je fais le bilan

TEST EXPRESS

1 En programmation, un code est :

☐ un type d'écriture manuscrite simplifiée.

☒ un scénario à imposer à un objet.

2 Deux clones d'un même lutin ont obligatoirement le même comportement.

☒ Vrai

☐ Faux

3 Pour réaliser plusieurs fois la même instruction, on utilise :

☐ une instruction conditionnelle.

☒ une boucle.

4 Une sous fonction :

☐ a moins d'importance qu'un programme.

☐ est écrite en dessous d'un programme dans la fenêtre d'édition.

☒ peut être utilisée plusieurs fois dans un même programme.

5 Une sous fonction doit obligatoirement être définie avec un ou des paramètres (nombre, texte, etc.).

☐ Vrai

☒ Faux

6 Parmi les trois codes suivants, lequel n'est pas équivalent aux deux autres ?

☐ 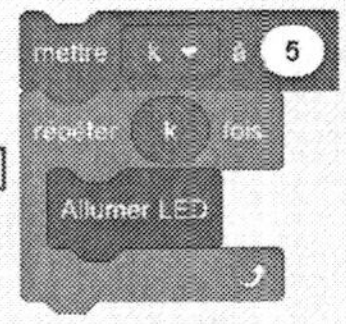

☒ 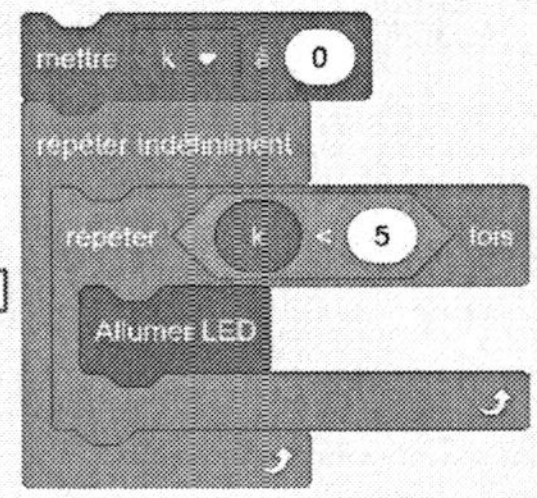

☐ 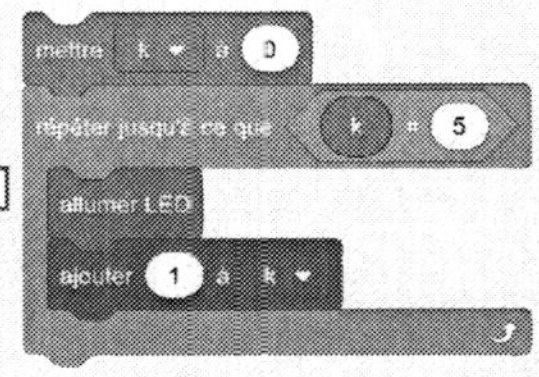

À RETENIR

Dans Scratch, lorsque l'on veut utiliser plusieurs fois le même objet sur la scène, il est possible de créer *un clone de l'objet (du lutin) qui reprendra exactement le même comportement que l'objet.*

Si la même opération doit être réalisée plusieurs fois, il est possible d'utiliser *une sous-fonction.*

L'avantage d'une sous fonction est de *réaliser une même opération ou un même script à différents moments du programme. Il est aussi possible d'y associer des variables pour optimiser et adapter le comportement de cette sous-fonction.*

Corrigé de la démarche

Étape 1 Le besoin

Analyser le besoin

Dans certains sports, lors de l'entraînement, on est amené à utiliser beaucoup de balles, les ramasser est alors un exercice pénible voire dangereux surtout quand d'autres sportifs sont toujours en train de s'entraîner. Un robot permet donc de prendre la place de l'homme pour réaliser cette tâche. Le besoin : ramasser toutes les balles de manière autonome

Étape 2 Le cahier des charges

Rédigez le cahier des charges, en indiquant les contraintes à respecter et les critères à prendre en compte.

Le robot doit ramasser toutes les balles.

Le robot doit se déplacer de manière autonome.

Le robot doit rester dans l'espace définit.

Le robot doit partir de son point de départ.

Une fois le travail terminer, le robot doit revenir à son point de départ.

Les balles doivent être placées aléatoirement sur le terrain.

Étape 3 L'éco-conception

Effectuez la conception du système en privilégiant les énergies et les matériaux les plus respectueux de l'environnement.

Cette étape n'est pas traitée dans cette démarche de projet (simulation)

Étape 4 La présentation orale

Présentez les solutions techniques retenues et les raisons de ces choix.

Cette étape n'est pas vraiment traitée dans cette démarche, on peut toutefois proposer aux élèves de présenter leur choix dans le mode de déplacement (contour de plus en plus petit, aller-retour successifs, détection de balle puis mouvement, etc.).

Étape 5

Réalisez un prototype du projet ou sa simulation numérique.

Voir correction.

Étape 6

Vérifiez grâce à la simulation ou par des mesures et des tests sur le prototype que les contraintes du cahier des charges sont bien respectées.

Chaque élève ou groupe d'élève présentera sa solution (code pour le lutin balle, code pour le lutin robot, code global et fonctionnement général).

1 2 3 Corrigé des exercices

Exemple de corrigé du programme : fichier « chap03_corrige_scratch »

4 Comment automatiser le fonctionnement d'une écluse ?

Compétences utiles pour résoudre cette problématique

- **CT 2.4 -** Associer des solutions techniques à des fonctions.
- **CT 4.1 -** Décrire, en utilisant les outils et langages de descriptions adaptés, la structure et le comportement des objets.
- **CT 4.2 -** Appliquer les principes élémentaires de l'algorithmique et du codage à la résolution d'un problème simple.

J'analyse des situations

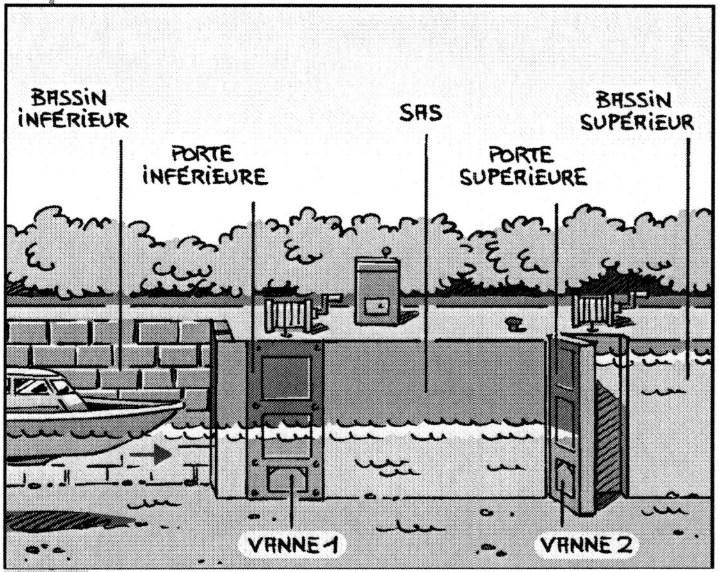

Doc. 1 Une écluse permet de passer d'un bassin à un autre.

Doc. 2 Un sas permet d'accéder à un sous-marin.

1 **À quelle condition peut-on ouvrir sans danger la porte étanche 1 du Doc. 2 ?**

À condition que le sas soit vide et la porte étanche 2 soit fermée.

2 **À quelle condition peut-on ouvrir sans danger la porte étanche 2 du Doc. 2 ?**

À condition que le sas soit rempli d'eau et la porte étanche 1 soit fermée.

3 **Quelle est la condition pour ouvrir sans danger la porte inférieure du Doc. 1 ?**

Porte supérieure fermée et niveau d'eau du sas identique à celle du bassin inférieur.

4 **Pourquoi les deux portes de l'écluse ne peuvent-elles pas être ouvertes simultanément ?**

La différence d'eau dans les deux bassins du canal entraînerait de fortes perturbations dans le sas mais aussi sur le niveau d'eau du canal qui se viderait en partie supérieure…

1 Identifier les éléments des chaînes d'énergie et d'information

❑ CT 2.4

Un store automatique Doc.3 permet de protéger une terrasse du soleil de façon autonome. Dès qu'un ensoleillement suffisant est détecté le store est déployé. Si le vent est trop important, s'il pleut, le store est replié.

1 Attribuez aux fonctions suivantes, le bon composant du Doc.3 :

Se protéger du soleil	Anémomètre
Mesurer l'ensoleillement	Store
Élaborer les ordres de mise en fonctionnement du store	Capteur de fin de course
Enrouler/dérouler le store	Capteur solaire
Détecter les positions hautes/basses	Moteur
Mesurer la vitesse du vent	Boîtier de commande

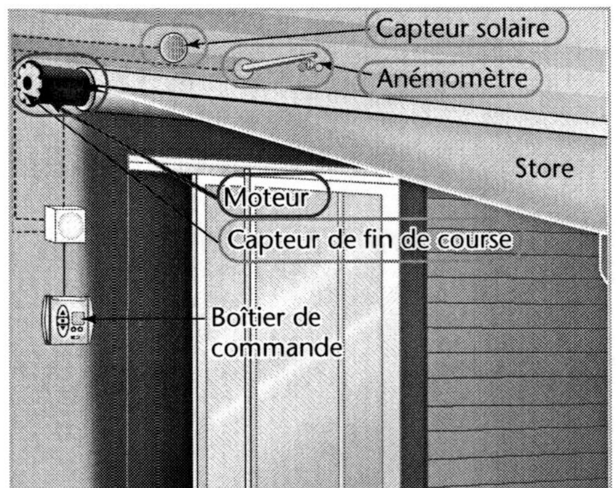

Doc. 3

2 Entourez en bleu sur le Doc.3 les capteurs.

3 Entourez en rouge sur le Doc.3 l'actionneur.

4 Quel capteur nécessaire au fonctionnement du store automatique n'est pas représenté sur le doc. 3 ?

D'envoyer une information au boîtier de commande pour qu'il stoppe le moteur quand le store est complètement déployé (ou enroulé).

2 La nature des informations délivrées par les capteurs

La nature du signal transmis par un capteur peut être logique ou analogique.

Cochez dans le tableau ci-dessous, la case qui correspond à la nature du signal délivré par les capteurs proposés.

Nom du capteur	Logique	Analogique
Le capteur de fin de course	×	
L'anémomètre		×
La sonde de température		×
Le capteur solaire		×
Le détecteur de présence	×	

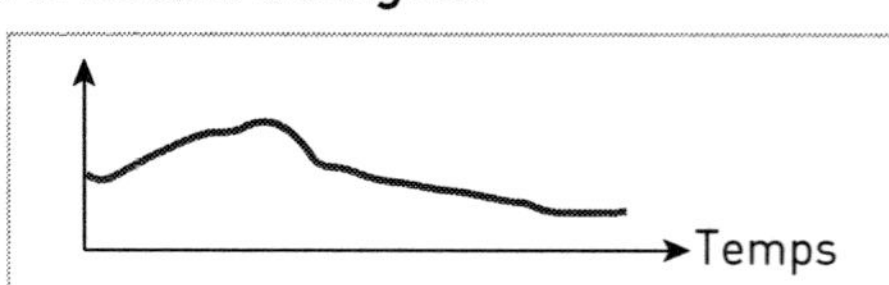

Doc. 4 Information analogique : toutes les valeurs sont possibles

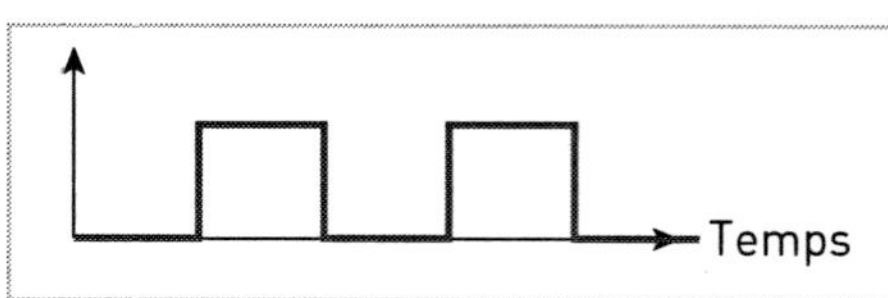

Doc. 5 Information logique : seules deux valeurs sont possibles

3 Les outils pour représenter l'évolution dans le temps d'un système automatique

❑ CT 4.1

Un château d'eau **Doc.6** assure la distribution d'eau potable à une pression constante en maintenant l'eau à une hauteur suffisante.

Dès que le niveau bas dans le réservoir est détecté, la pompe est activée. Elle permet d'acheminer l'eau de la canalisation A vers le réservoir afin de le remplir. L'alimentation de la pompe est coupée dès que le niveau haut est détecté.

Les niveaux haut et bas sont détectés par deux capteurs D_{max} et D_{min} de type logique qui délivrent une tension égale à 0 ou 5 V.

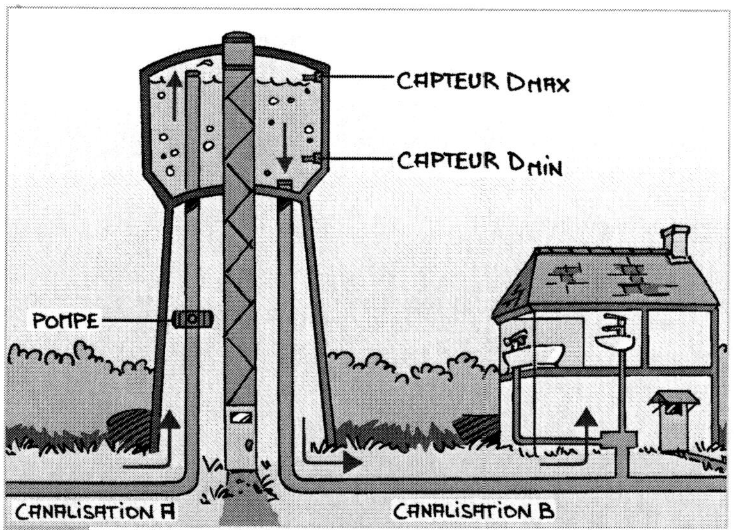

Doc.6

Complétez le Doc.7 en précisant les valeurs des tensions de la pompe et des détecteurs de niveau.

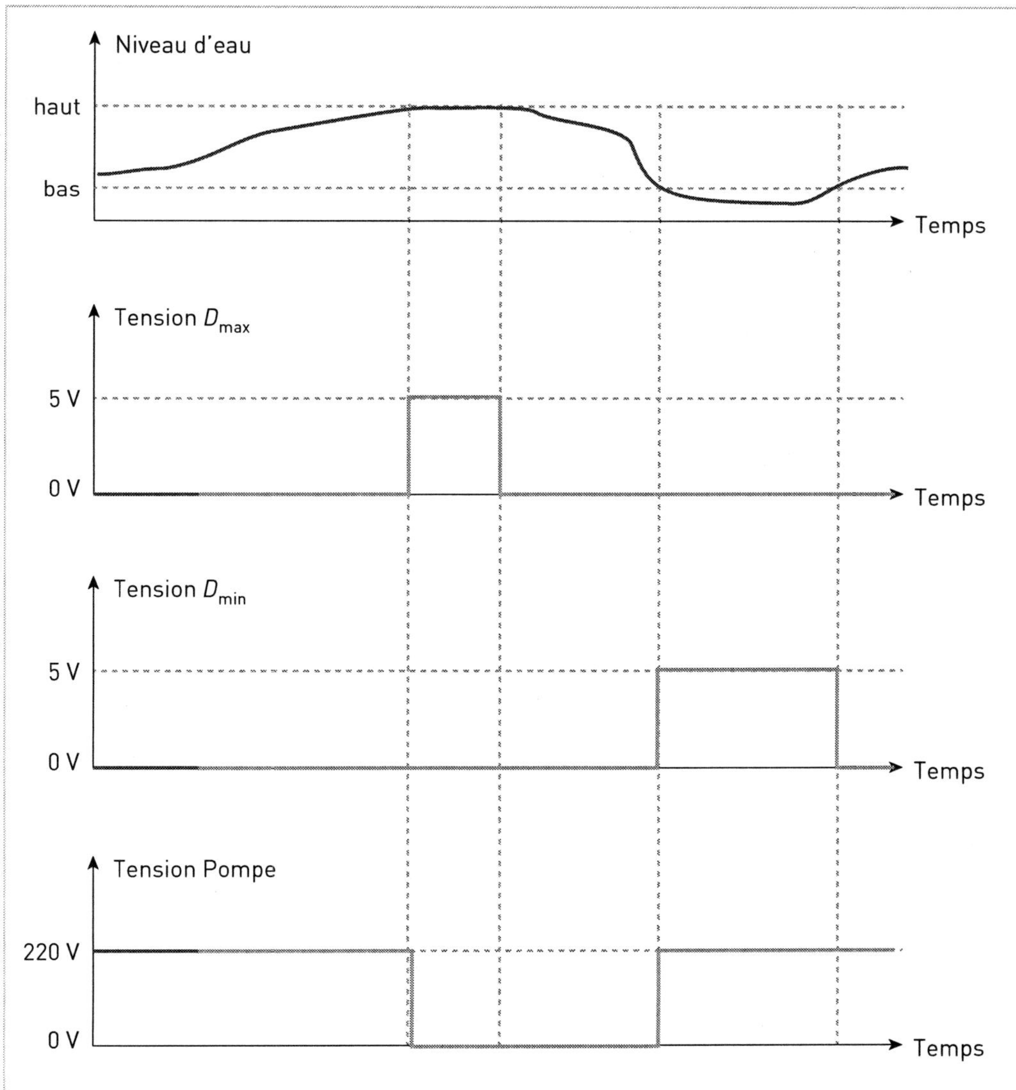

Doc. 7 Chronogramme de fonctionnement du château d'eau.

4 Les structures conditionnelles

❑ CT 4.2

Lorsque l'on appuie sur le bouton permettant d'appeler un ascenseur, deux actions distinctes sont à envisager, elles peuvent être décrites par l'algorigramme du **Doc. 8**.

Complétez l'algorithme suivant :

Si Touche « Appel pressée ? »

Répéter

Si *Ascenseur présent*

Alors *Ouvrir les portes*

Sinon

Demander le déplacement de l'ascenseur.

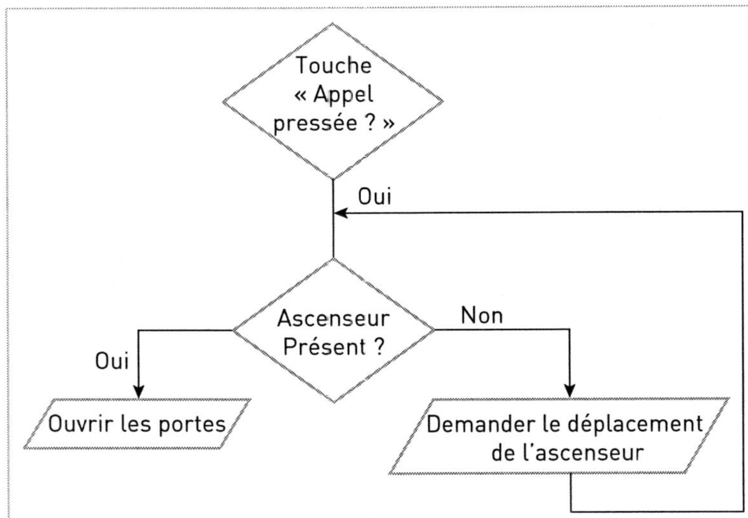

Doc.8

5 L'algorithme décrivant le comportement du château d'eau

❑ CT 4.2

Le **Doc. 9** décrit sous forme d'algorigramme le fonctionnement du château d'eau de l'exercice 3.

1. **En vous basant sur vos réponses de l'exercice 3, complétez l'algorigramme de gestion du château d'eau en replaçant les propositions suivantes :**

   a) Phase d'attente.

   b) Niveau haut atteint ?

   c) Niveau bas atteint ?

   d) Alimenter la pompe.

2. **Repassez ~~en rouge~~ les blocs qui correspondent à des actions, et en vert ceux qui correspondent à des tests.**

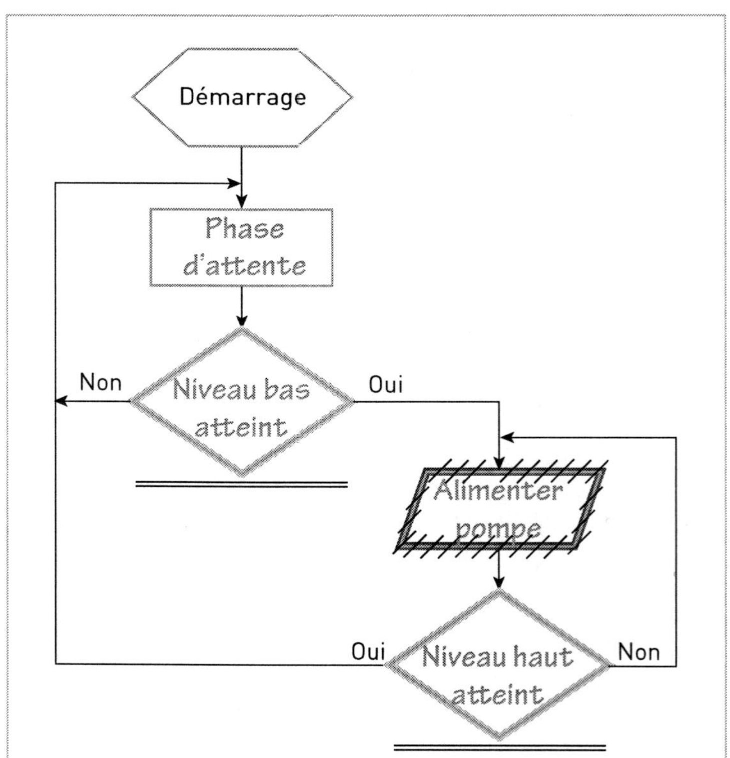

Doc.9

J'applique une démarche d'investigation

La situation

Comment automatiser le fonctionnement d'une écluse ?

Un bateau se présente sur le bassin inférieur de l'écluse afin de la franchir.

On souhaite automatiser le fonctionnement de l'écluse après que le capitaine ait activé le bouton marche. Vous devrez alors donner les étapes nécessaires pour franchir l'écluse et réaliser le chronogramme de l'algorithme associés.

Seul le déplacement du bateau sera commandé par le capitaine, les différentes étapes de fonctionnement de l'écluse seront autonomes.

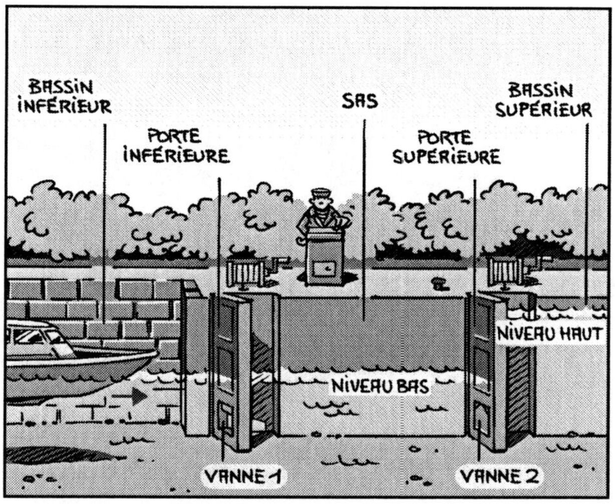

LA DÉMARCHE

Étape 1 LE PROBLÈME

Reformulez le problème posé.

Corrigé voir page suivante.

Étape 2 LES HYPOTHÈSES

Exprimez des hypothèses et imaginez les recherches ou expériences possibles pour les valider.

Étape 3 LES ACTIVITÉS D'INVESTIGATION

Effectuez les recherches ou les expériences nécessaires.

Étape 4 LA VALIDATION DES HYPOTHÈSES

Mettez en commun vos résultats. Validez l'hypothèse de l'étape 2 ou formulez-en une nouvelle.

Étape 5 LA CONCLUSION

Résumez les connaissances acquises au cours de la démarche.

LA DÉMARCHE EST ABOUTIE SI :

- ✓ *Les étapes de fonctionnement de l'écluse sont décrites.*
- ✓ *Les capteurs et les actionneurs sont nommés.*
- ✓ *Un chronogramme et un algorigramme sont créés.*

Je fais le bilan

TEST EXPRESS

1 Un système automatisé prélève des informations dans son environnement :

☐ grâce à ses actionneurs.
☒ grâce à ses capteurs.

2 Dans un système automatisé, les actionneurs servent à :

☒ agir sur l'environnement.
☐ mesurer des grandeurs physiques.

3 Reliez chaque information à sa nature :

Présence	
Hauteur	Logique
Marche ou arrêt	Analogique
Vitesse	

4 Qu'est-ce qu'un chronogramme ?

☐ Une unité de mesure du temps.
☒ Une représentation de l'évolution temporelle d'une grandeur.

5 Un algorigramme permet :

☒ de décrire le comportement d'un système en fonction d'événements.
☐ de programmer les capteurs en fonction du cahier des charges.

6 Reliez chaque symbole d'un algorigramme à la fonction qu'il représente :

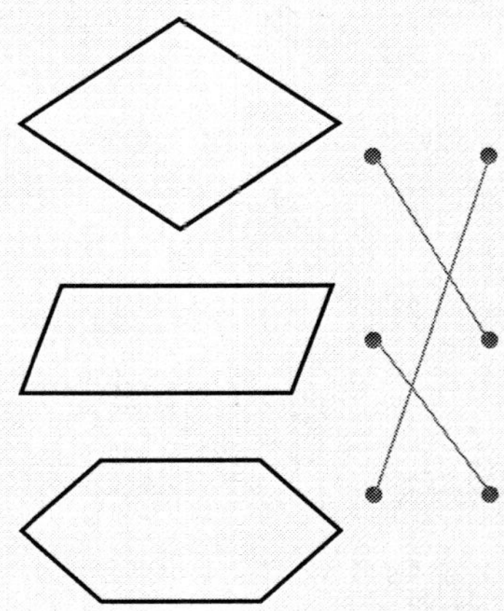

Démarrage
Condition
Action

À RETENIR

Le comportement des systèmes automatiques dans le temps peut être décrit grâce à *des chronogrammes qui représentent les états successifs des différents capteurs et actionneurs du système (marche/arrêt) ou ouvert/fermé) etc.*

Les capteurs sont utiles à un système automatique pour *prélever des informations de l'environnement afin d'adapter le fonctionnement du système.*

Une information logique est une information qui peut prendre les valeurs *0 ou 1 (vrai ou faux) c'est une information de type binaire.*

Les instructions conditionnelles dans les algorithmes permettent de *réaliser des actions différentes en fonction de certaines conditions qui sont remplies ou non.*

Corrigé de la démarche

Pistes à suivre pour cette démarche :

Étape 1 Le problème

On attend ici de l'élève qu'il relise la situation pour en extraire les principaux points lui permettant de présenter le problème avec ses propres mots. Pour être correcte, cette reformulation doit reprendre les termes associés à :

– la chaîne d'énergie et d'information (actionneurs et capteurs nécessaires à la gestion automatique de l'écluse) ;

– la description du fonctionnement d'un système automatisé (chronogramme, algorigramme, succession chronologique d'états).

Étape 2 Les hypothèses

Le franchissement de l'écluse doit suivre trois grandes étapes : mise à niveau du sas avec le bassin inférieur, manœuvre du bateau dans le sas, mise à niveau du sas avec le bassin inférieur. Hors manœuvre du bateau, toutes les actions nécessaires sont automatisées : ouverture et fermeture des vannes, ouverture et fermeture des portes.

Liste des actionneurs :

- moteur pour ouverture/fermeture de la porte inférieure ;
- moteur pour ouverture/fermeture de la porte supérieure ;
- moteur pour ouverture/fermeture de la vanne 1 ;
- moteur pour ouverture/fermeture de la vanne 2.

Liste des capteurs :

- porte inférieure ouverte/fermée ;
- porte supérieur ouverte/fermée ;
- vanne 1 ouverte/fermée ;
- vanne 2 ouverte/fermée ;
- niveau d'eau dans le sas ;
- bateau dans le sas.

Étapes 3 et 4

Travaux de l'élève.

Étape 5 La conclusion

Cette démarche d'investigation a permis :

– de déterminer les actionneurs et capteurs nécessaires au fonctionnement d'un système pour répondre à un besoin spécifique ;

– de décrire le fonctionnement d'un système automatisé à l'aide d'un outil de description adapté.

Proposition de correction de l'algorigramme

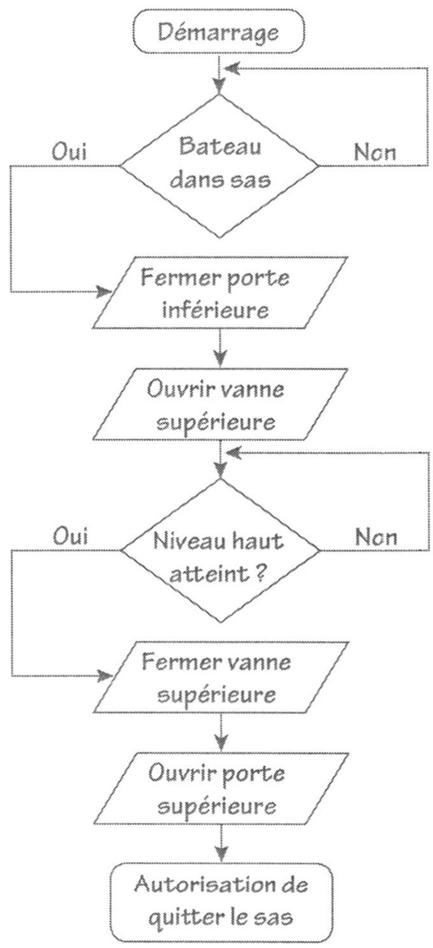

Proposition de correction du chronogramme

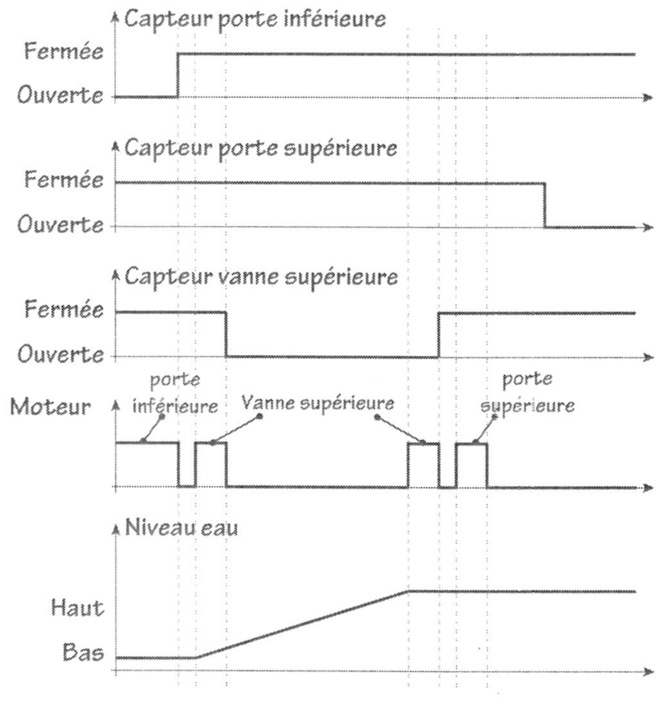

5 Comment piloter un *Signal Pod* avec son smartphone ?

Compétences utiles pour résoudre cette problématique

- **CT 5.4 -** Piloter un système connecté localement ou à distance.
- **CS 5.7 -** Analyser le comportement attendu d'un système réel et décomposer le problème posé en sous problèmes afin de structurer un programme de commande.

J'analyse des situations

Doc. 1 Voiture miniature BeeWi pilotée par smartphone.

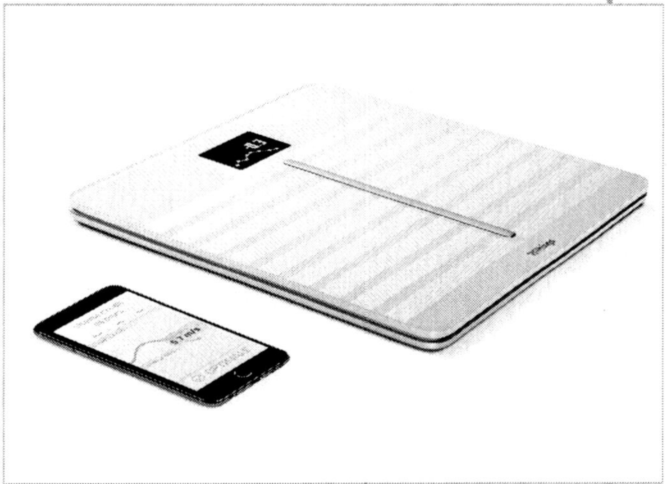

Doc. 2 Pèse-personne connecté.

1 **Selon vous, de quelle manière l'information passe-t-elle du smartphone à l'objet ?**

Par les ondes et ici, plus vraisemblablement, par Bluetooth.

2 **L'information peut-elle aussi passer de l'objet vers le smartphone ?**

Oui, l'information peut être bidirectionnelle.

3 **Est-il possible de faire fonctionner un objet avec une application qui ne provient pas de *Google Play* ou de l'*App Store* ?**

Oui, Google Play ou App Store ne sont « que » des boutiques d'applications. Il en existe d'autres et il est possible de s'en passer. L'avantage est que ces boutiques « valident » les applications.

Je construis mon savoir et mes compétences

1 Le Bluetooth : définition et fonctionnement

❑ CT 5.4

La technologie Bluetooth est un protocole de communication sans fil entre différents appareils. La communication a une portée d'une dizaine de mètres environ avec un débit maximal de 2,1 Mbits/s (pour le Bluetooth 2.0), tandis que le wifi propose une portée de plus de 200 m avec un débit de 450 Mbits/s. L'établissement d'un réseau Bluetooth ne nécessite aucun autre système que les objets connectés eux-mêmes. Par exemple un smartphone, appelé maître, pourra créer un réseau sur lequel 7 autres objets au maximum, appelés esclaves, pourront se connecter (voir schéma ci-contre). Ce réseau de 8 systèmes maximum, appelé piconet, respecte un protocole de dialogue : le maître est le seul à autoriser les dialogues, il interroge un esclave qui lui répond, puis répète l'opération successivement avec les autres esclaves.

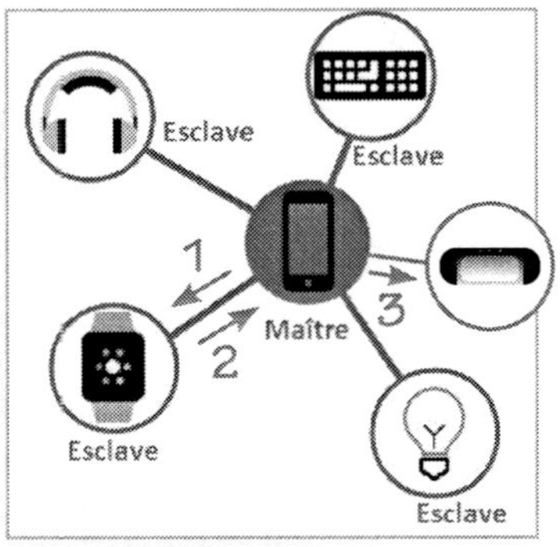

Doc. 3 Le piconet Bluetooth.

1 **Soulignez, en vert dans le texte ci-dessus, un avantage du protocole Bluetooth par rapport au wifi, et en rouge les inconvénients.**

La connexion d'un appareil Bluetooth à un piconet se fait le plus souvent par une procédure sécurisée.

2 **Numérotez dans l'ordre, de 1 à 4, les étapes de la procédure de connexion :**

N°4	Conservation de l'appairage* réalisé en mémoire de l'appareil, il ne sera plus demandé lors des connexions ultérieures.
N° 2	Choix du point d'accès à partir de la liste des points d'accès visibles.
N° 3	Appairage de l'appareil à l'aide d'un code PIN, puis connexion.
N° 1	Activation du mode Bluetooth d'un appareil : celui-ci recherche tous les points d'accès visibles dans son périmètre.

* Connexion entre deux appareils.

Jeanne ajoute à son piconet (**Doc. 3**) une enceinte Bluetooth qu'elle vient d'acheter.

3 **Jeanne peut-elle diffuser de la musique directement sur l'enceinte après son achat ? Justifiez votre réponse.**

Non, l'appairage doit obligatoirement être réalisé entre son téléphone et son enceinte (ainsi le téléphone saura qu'il dialogue avec un objet de type « diffuseur de musique »).

4 **Ajoutez sur le schéma du Doc. 3 l'enceinte Bluetooth, et représentez par des flèches numérotées le parcours de l'information quand Jeanne choisit sur sa montre une musique stockée sur son téléphone pour la diffuser sur son enceinte.**

5 **Si 7 personnes écoutent, via leur casque Bluetooth, la musique diffusée par un même piconet, le débit est le même que si une seule personne était connectée.**

☐ Vrai ☒ Faux

2 Générer le mouvement d'un objet sous Android

❑ CT 5.4

App Inventor est un logiciel qui permet de créer des applications pour appareil Android (smartphone, tablette). On propose ici de créer une application simple qui va permettre de déplacer une image sur l'écran d'une tablette, application qui pourra servir de base à la commande d'un robot par exemple. Vous utiliserez l'Annexe *Comment créer une application avec* App Inventor.

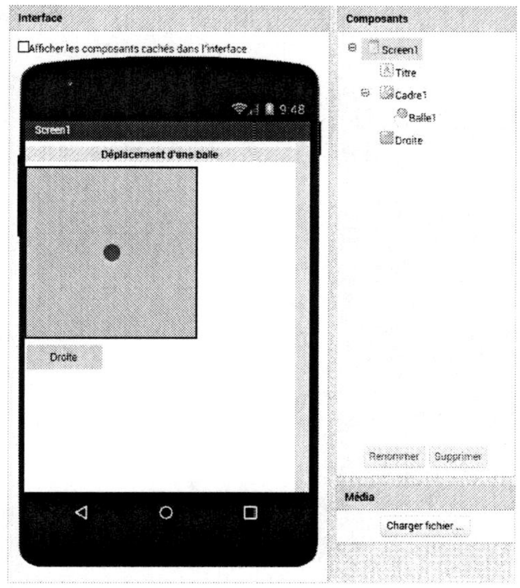

① **Démarrez un nouveau projet que vous appellerez *Deplacement*. Placez dans la fenêtre :**

- **Un titre** (« Interface utilisateur »/« label ») : *Déplacement d'une balle*, dont la largeur est à fixer, dans « Propriétés », à « Remplir parent ».
- **Un cadre** (« Dessin et animation »/« cadre ») de côté 200 px et contenant **une balle** (« Dessin et animation »/« balle ») de rayon 10 px.
- **Un bouton** (« Interface utilisateur ») : « Droite ».

Renommez dans « Composants » : *label* en *Titre* et *bouton* en *Droite*.

L'action sur le bouton *Droite* doit entraîner le déplacement de la balle vers la droite du cadre.

② **Réalisez la programmation du bouton *Droite* (schéma ci-dessous) :**

- Quand est un bloc associé au bouton.
- Mettre est un bloc associé à la balle.
- L'addition est un bloc Maths.

1 Reliez le composant à la fonction qui lui correspond.

Composants — **Fonctions**

— Imposer la position X de la balle.

— Augmenter de 1 la position X de la balle.

— Obtenir la position X de la balle.

③ **Ajoutez un bouton *Gauche* dans l'interface et programmez-le pour réaliser le mouvement vers la gauche mais cette fois-ci en utilisant la commande *Enfoncé* plutôt que *Clic*.**

2 Testez l'application en vous aidant de l'Annexe *Comment tester son application* Android et complétez la colonne « Déplacement » du tableau :

Action	Gauche	Droite	Déplacement
Appui sur le bouton	X		☐ oui ☒ non
		X	☒ oui ☐ non
Maintien du bouton enfoncé	X		☒ oui ☐ non
		X	☐ oui ☒ non
Relâchement du bouton	X		☐ oui ☒ non
		X	☐ oui ☒ non

④ **Ajustez la valeur à ajouter à *Balle1.X* pour augmenter la vitesse de déplacement (essayez 1, 5 ou 10).**

⑤ **Complétez l'application pour obtenir un déplacement de la balle vers le haut et vers le bas.**

3 Commander la balle Sphero par Bluetooth

❑ CS 5.7

On se propose ici d'adapter le programme précédent pour qu'il commande le déplacement de la balle Sphero via le protocole Bluetooth.

Doc. 6 Balle robotique Sphero.

① **Sous *App Inventor*, ouvrez le projet précédent, cliquez sur « Projets » (menu du haut), puis « Enregistrer le projet sous... » et lui donner le nom *Deplacement_BT*.**

② **Ajoutez un ClientBluetooth et les différents boutons permettant de se connecter ou se déconnecter d'un objet par liaison Bluetooth.**

Aidez-vous de l'Annexe *Comment paramétrer la connexion Bluetooth dans une application avec* App Inventor.

Le programme précédent propose finalement 4 boutons : ***Haut*, *Bas*, *Gauche*** et ***Droite*** qui correspondent aux 4 déplacements possibles de la balle.

On se propose d'utiliser la procédure ***Envoyer texte***, disponible dans les blocs du composant ClientBluetooth1, pour envoyer le message de commande au montage.

Cette procédure nécessite un codage de l'information à envoyer. On choisit le mot 1000 pour la marche avant, 0100 pour l'arrière, 0010 pour la gauche et 0001 pour la droite.

③ **Complétez le script du bouton *Droite* pour qu'il envoie le message par Bluetooth à la balle Sphéro (déjà connectée).**

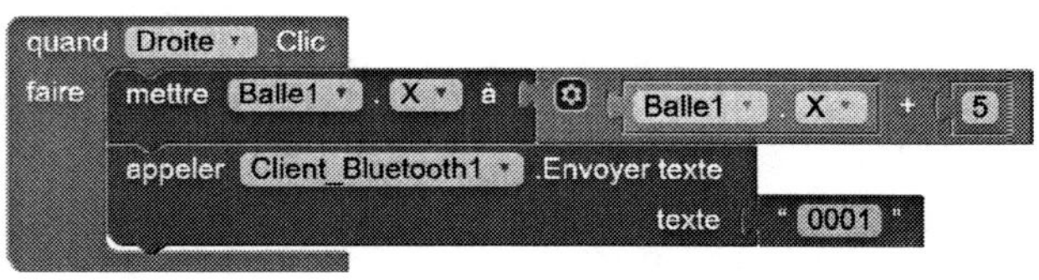

④ **Complétez le script des trois autres boutons permettant de générer le déplacement de la balle dans toutes les directions.**

La balle envoie en continu, par Bluetooth, une information sur l'état de sa batterie codée sur 2 bits (pleine : 11, aux 2/3 pleine : 10, au 1/3 pleine : 01 et vide : 00).

Pour connaître l'état de la batterie, un bouton *Batterie* est placé sur l'interface. Un appui sur le bouton permettra de récupérer par Bluetooth le niveau de la batterie et de l'afficher sur le texte du bouton.

⑤ **Placez le bouton sur l'interface et ajoutez-lui le script ci-dessous.**

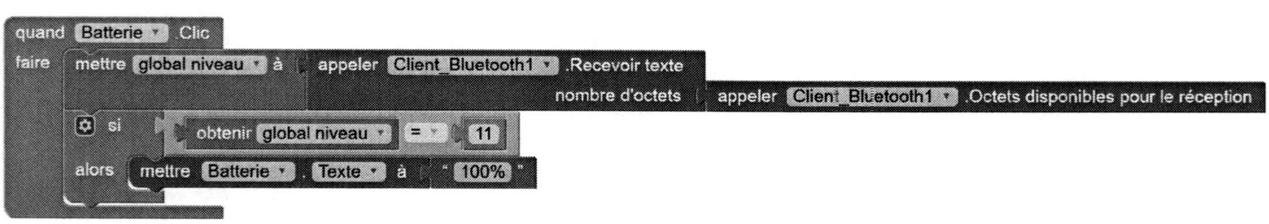

⑥ **Complétez le script précédent pour que le texte du bouton affiche les valeurs 66 %, 33 % et 0 % en fonction du message reçu par Bluetooth.**

Corrigé : fichier « chap05_corrige_AppInventor »

J'applique une démarche d'investigation

La situation

Comment piloter un *Signal Pod* avec son smartphone ?

Le *Signal Pod* est un avertisseur lumineux destiné à être installé sur les vélos principalement. Il est commandé par une télécommande sans fil.

On se propose ici de réaliser une application pour smartphone permettant de contrôler le *Signal Pod* par Bluetooth. Quatre fonctions doivent être disponibles : arrêt, feux de détresse, clignotant gauche et droit.

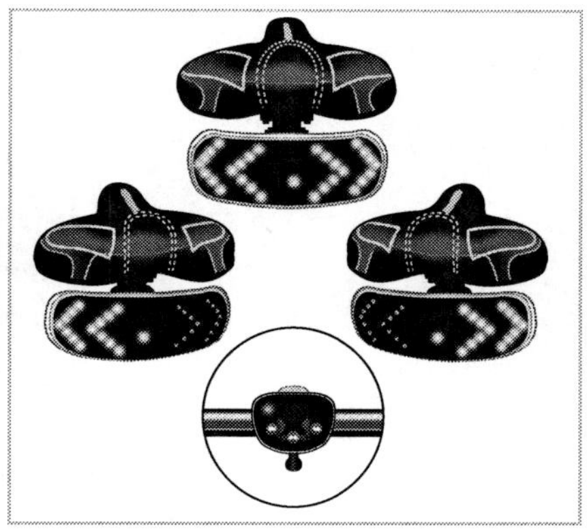

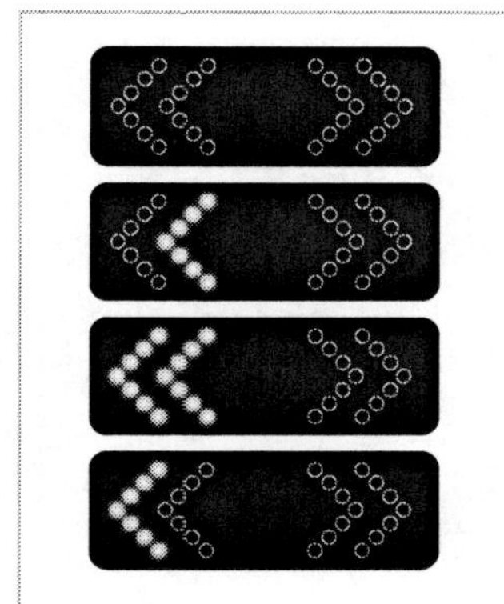

LA DÉMARCHE

Étape 1 LE PROBLÈME

Reformulez le problème posé.

Corrigé voir page suivante.

Étape 2 LES HYPOTHÈSES

Exprimez des hypothèses et imaginez les recherches ou expériences possibles pour les valdier.

Étape 3 LES ACTIVITÉS D'INVESTIGATION

Effectuez les recherches ou les expériences nécessaires.

Étape 4 LA VALIDATION DES HYPOTHÈSES

Mettez en commun vos résultats. Validez l'hypothèse de l'étape 2 ou formulez-en une nouvelle.

Étape 5 LA CONCLUSION

Résumez les connaissances acquises au cours de la démarche.

LA DÉMARCHE EST ABOUTIE SI :

- ✓ *L'interface de l'application est créée sur App Inventor et les scripts programmés.*
- ✓ *Le fonctionnement est testé sur une tablette ou un smartphone.*
- ✓ *Une connexion Bluetooth est ajoutée et programmée dans l'application.*

Je fais le bilan

TEST EXPRESS

1 Quand un objet s'ajoute dans un piconet, le débit entre les objets :

☐ augmente. ☒ diminue.
☐ reste le même.

2 Pour un fonctionnement optimal, lequel de ces objets ne semble pas très adapté à la connexion Bluetooth ?

☐ Oreillette. ☐ Pèse-personne.
☐ Montre. ☒ Drone.
☐ Manette de jeux. ☐ Bip parking.

à cause de la portée (quelques m.)

3 Pour fonctionner, une application Android doit-elle forcément provenir du *Google Play* ?

☐ Oui ☒ Non

4 Dans un réseau Bluetooth, parmi les dialogues suivants, lequel n'est pas possible directement ?

☐ Maître → Esclave
☐ Esclave → Maître
☒ Esclave 1 → Esclave 2

5 « Ce qui est pratique, c'est qu'il est possible de se connecter à n'importe quel réseau Bluetooth sans authentification ».

☐ Vrai
☒ Faux

6 Reliez chacun des blocs à la fonction qu'il réalise :

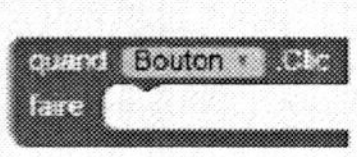

- Attendre une action sur le Bouton
- Renvoyer l'état visible du Bouton
- Imposer l'état visible au Bouton

À RETENIR

Le Bluetooth est un réseau de communication dont le dialogue entre les appareils obéit à la règle : *C'est le maître qui gère : tout passe par lui. Successivement, il interroge chaque esclave qui lui répond.*

Pour se connecter en Bluetooth, deux appareils doivent être appairés, c'est-à-dire qu'il faut *établir une reconnaissance et une authentification des deux appareils par une procédure (généralement décrite dans les notices des objets connectés).*

Dans *App Inventor* :

- **La partie « Designer » permet de** *concevoir l'application d'un point de vue graphique.*

- **La partie « Blocs » permet de** *concevoir l'application d'un point de vue fonctionnalité/interaction.*

Corrigé de la démarche

Pistes à suivre pour cette démarche :

Étape 1 Le problème

Reformuler le problème posé

Une télécommande, sans fil, placé sur le guidon du vélo, doit permettre au cycliste de choisir l'état de son Signal Pod suivant 4 actions.

Étape 2 Les hypothèses

Exprimez des hypothèses et imaginez les recherches ou expériences possibles pour les valider.

Le SignalPod est soumis à une entrée qui peut prendre 4 états correspondant aux 4 boutons (on ne traitera pas le cas où plusieurs boutons sont actionnés en même temps).

Il faut amener les élèves à identifier les sorties du système : ici ce ne sont pas les 4 modes de fonctionnement mais l'état des 4 rangées de LED (2 à gauche et 2 à droite) qui doivent d'écrire une certaine évolution (comme le propose l'illustration).

Les hypothèses peuvent être les suivantes :

- l'état initial correspond à aucune led allumée ;
- l'appui sur un des boutons remet les sorties à l'état initial ;
- l'évolution d'une sortie ne s'arrête que lorsqu'un autre bouton est appuyé.

On pourra guider les élèves vers des recherches / expériences sur le fonctionnement d'un « chenillard » ou d'un feu tricolore avec l'utilisation de temporisation.

Étape 3 Les activités d'investigation

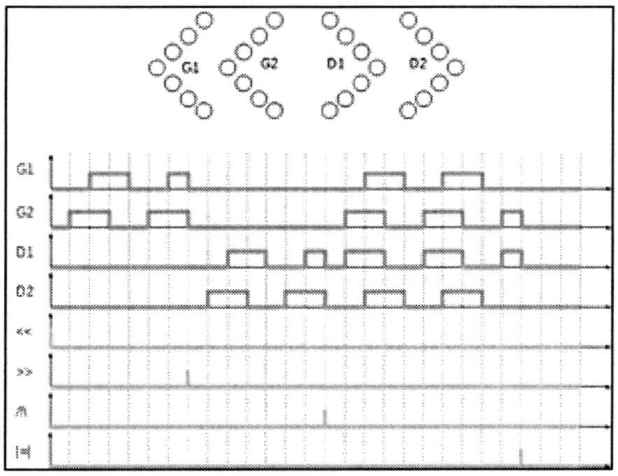

Effectuez les recherches ou les expériences nécessaires.

Les recherches/expériences présentées à l'étape 2 doivent conduire les élèves à mettre en place des chronogrammes (voir chapitre 4) permettant de décrire l'évolution temporelle de l'état des différentes sorties du système.

Les élèves seront alors capables de proposer une application créée sur AppInventor permettant de simuler le comportement du SignalPod (on pourra pour cela « jouer » sur la couleur de fond des images mis à disposition pour lesquelles le LEDs sont transparentes). Les 4 entrées seront modélisées par 4 boutons.

Étape 4 La validation des hypothèses

Mettez en commun vos résultats. Validez l'hypothèse de l'étape 2 ou formulez-en une nouvelle.

Lors de la mise en commun des activités de recherche/expérience, les élèves seront amenés à valider ou critiquer les solutions proposées par leurs camarades en se basant sur leurs propres résultats.

Étape 5 La conclusion

Résumez les connaissances acquises au cours de la démarche.

Au cours de cette démarche, les élèves ont appris à créer une application pour smartphone. L'utilisation de temporisation permet de gérer le comportement temporel d'un système discret (nombre fini d'état de la sortie). L'utilisation d'une connexion Bluetooth permettra par la suite une plus grande variété dans la conception et la réalisation de projets.

Remarques

Temporisation

Dans AppInventor, il faut ajouter des capteurs « horloge » dans l'interface, autant d'horloge que de changement d'état pour une sortie. Ainsi, le projet proposé présente 4 horloges permettant de prendre en compte les 4 changement d'état des sorties.

Le délai du chronomètre se programme soit dans le programme, soit pour dans l'interface designer (c'est ce choix qui a été retenu ici car la valeur est constante au cours du programme).

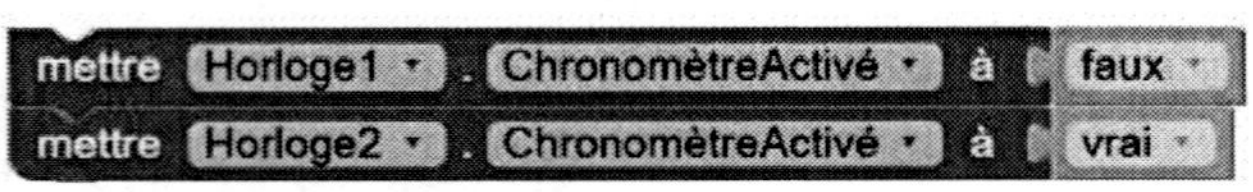

Dans l'exemple ci-dessus, on désactive (initialiser) le chronomètre de l'horloge 1 et on active (déclenche) le chronomètre de l'horloge 2.

Pour réaliser des actions à la fin du chronomètre (qu'on pourrait plus appeler compte à rebours), il faut utiliser le bloc ci-contre. On y place les différentes actions qui doivent se dérouler une fois le temps associé à l'horloge 1 écoulé.

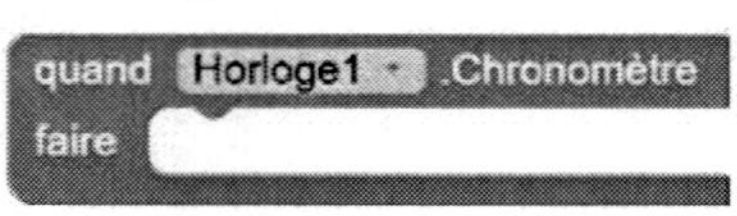

6 Comment programmer ma serrure Bluetooth ?

Compétences utiles pour résoudre cette problématique

- **CS 1.6** - Analyser le fonctionnement et la structure d'un objet, identifier les entrées et sorties.
- **CT 4.1** - Décrire, en utilisant les outils et langages de descriptions adaptés, la structure et le comportement des objets.
- **CT 5.4** - Piloter un système connecté localement ou à distance.
- **CT 5.5** - Modifier ou paramétrer le fonctionnement d'un objet communicant.

J'analyse des situations

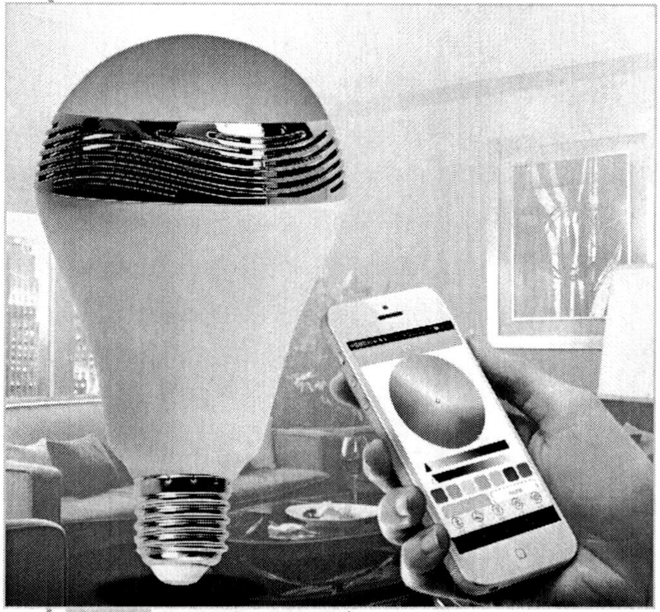

Doc. 1 Ampoule connectée.

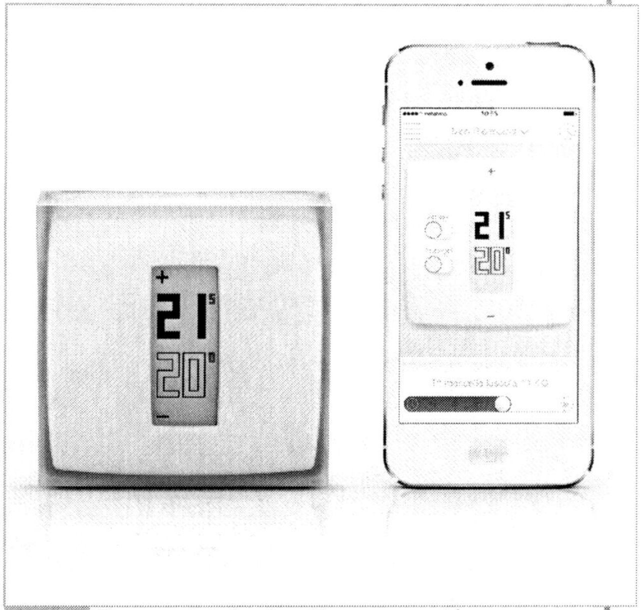

Doc. 2 Thermostat de chauffage connecté.

1 Quel est l'avantage de commander un objet par Bluetooth ?

Il n'est pas obligatoire de se trouver au même endroit que l'objet.

2 Citez d'autres objets qu'il serait intéressant de commander par Bluetooth.

Volets roulants / Portail / Casque audio / Montre / etc...

3 Que faut-il ajouter à un objet pour qu'il puisse être commandé par le programme du smartphone ?

Il faut lui ajouter un module Bluetooth qui permet le dialogue avec le smartphone (envoi/réception d'ordres / informations).

Je construis mon savoir et mes compétences

1 Organisation structurelle d'une enceinte Bluetooth

❑ CT 4.1 ❑ CS 1.6

Une enceinte Bluetooth a pour fonction de diffuser de la musique dans une pièce sans aucune connexion physique. Elle utilise le protocole Bluetooth pour recevoir la musique envoyée par le smartphone ou la tablette.
Un module Bluetooth intégré à la carte mère (en vert sur le Doc. 4) permet de récupérer les informations envoyées par Bluetooth, qui seront traitées par un microcontrôleur (en rouge) spécialisé dans le traitement des contenus multimédia (son/vidéo), avant d'être envoyées au haut-parleur qui se chargera de convertir le signal numérique en ondes sonores.

Doc. 3 Enceinte Bluetooth.

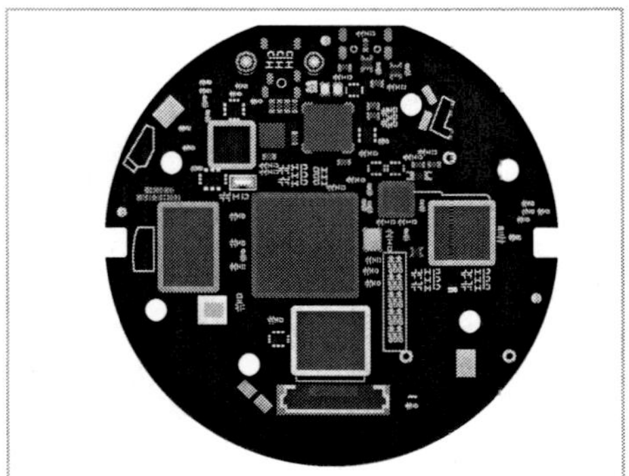

Doc. 4 Carte mère.

1 De manière générale, quel composant permet de capter les ondes radio ?

- ☐ Le microcontrôleur.
- ☒ Les antennes.
- ☐ Le module Bluetooth intégré.

2 Complétez la chaîne de traitement du signal d'une enceinte Bluetooth en renseignant le nom des composants parmi :
module Bluetooth intégré, antenne, haut-parleur et microcontrôleur.

Ondes → **Capter** → Signaux analogiques → **Traiter** → Signaux numériques → **Traiter** → Signaux analogiques → **Convertir** → Son

Capter	Traiter	Traiter	Convertir
Antenne	Module Bluetooth	Micro-contrôleur	Haut-parleur

Dans le but d'améliorer leur fonctionnement, les objets connectés peuvent recevoir de la part des constructeurs des mises à jour, comme c'est le cas pour les smartphones ou les tablettes.

3 Selon vous, lors d'une mise à jour de l'enceinte Bluetooth, quel(s) moyen(s) de communication pourrai(en)t être utilisé(s) ?

- ☒ Un câble USB.
- ☒ Le protocole Bluetooth.
- ☐ L'alimentation électrique.
- ☐ L'envoi par courrier d'un nouveau microcontrôleur.

4 À quel(s) composant(s) cette mise à jour peut-elle être destinée ?

- ☐ Le haut-parleur.
- ☒ Le module Bluetooth.
- ☒ Le microcontrôleur.

2 Commander l'ouverture d'un portail coulissant

❑ CT 5.5

Le portail automatisé d'une résidence est équipé d'un moteur, d'un boîtier de commande, d'un feu clignotant et d'une carte de commande qui gère le fonctionnement du moteur et du feu clignotant à partir des informations reçues du boîtier et des capteurs de position du portail (fin de course ouvert ou fermé).

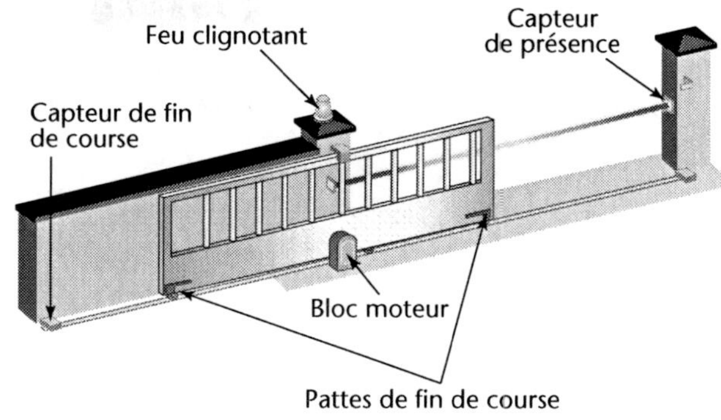

On se propose, dans cette activité, de programmer uniquement la commande du feu clignotant sur une carte de commande, de type Picaxe 08M2, à partir du logiciel Blockly (aidez-vous de l'Annexe *Comment programmer une carte Picaxe avec* Blockly).

Commander un feu clignotant

① **Ouvrez le logiciel Blockly pour Picaxe et choisissez la langue française, la carte Picaxe 08M2 et cochez « Montrer le simulateur » dans le menu « Paramètres » (coché par défaut normalement).**

On considère que le feu clignotant est relié à la broche C.1.

② **Réalisez le programme ci-contre permettant d'allumer le feu clignotant.**

③ **Simulez le comportement du programme et vérifiez que la broche C.1 s'active.**

Interagir en fonction d'événements extérieurs (capteurs)

L'information de la télécommande arrive sur la broche C.2. Lorsque l'on presse le bouton de celle-ci, la broche C.2 est activée et le cycle d'ouverture/fermeture du portail commence.

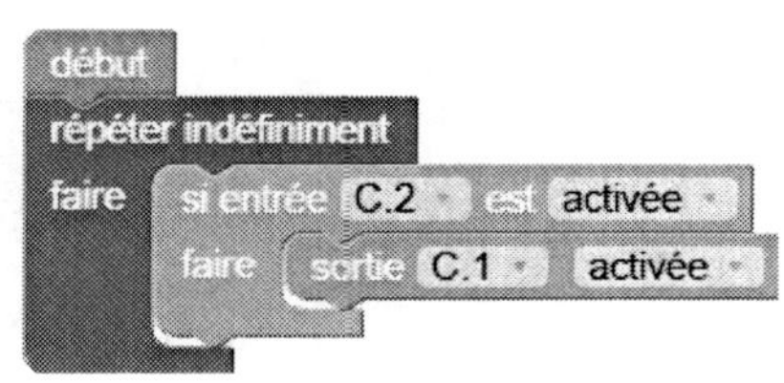

④ **Réalisez le programme qui permet de tester à chaque instant l'état de l'entrée C.2 afin d'allumer le feu si C.2 est activé.**

⑤ **Testez le programme sur le simulateur en modifiant l'état de l'entrée C.2.**

Quel est l'état de la sortie C.1 lorsque l'état de C.2 repasse à l'état désactivé ?

C1 reste à l'état « activée ».

Programmer le comportement complet du feu clignotant

Pour compléter le comportement du feu clignotant, 2 capteurs de fin de course sont installés : l'un, relié à C.3, détecte si le portail est fermé, l'autre, relié à C4, détecte s'il est ouvert.

On considère le portail en position fermée au début du programme. Un bouton du boîtier de commande est actionné : le portail s'ouvre et le feu clignote jusqu'à ce que le portail soit en position ouverte (entrée C.4 activée). Le moteur s'arrête et le feu reste allumé pendant 3 secondes. Puis le portail se referme avec un feu à nouveau clignotant jusqu'à la position fermée.

⑥ **Reprenez et complétez le script ci-contre dans Blockly pour poursuivre la programmation du comportement du feu clignotant.**

⑦ **Simulez son fonctionnement.**

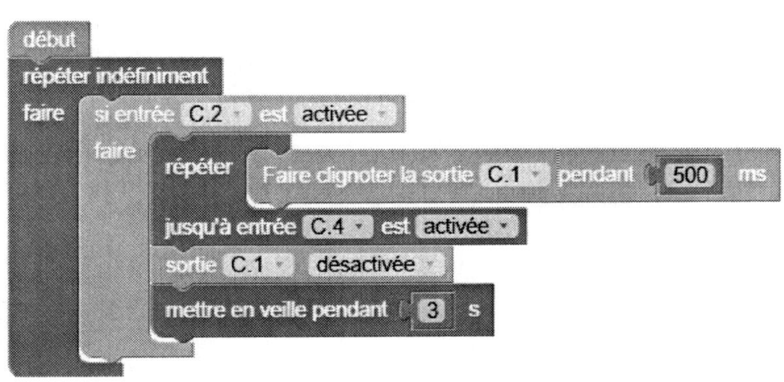

3 Contrôler un portail avec son smartphone

❑ CT 5.4

Afin de rendre le contrôle du portail plus général, une application Bluetooth a été développée. Elle comporte principalement 4 boutons : Cycle normal (bouton équivalent au bouton du boîtier de commande), Ouvrir, Fermer et Arrêter (boutons qui forcent le comportement du moteur).

On se propose d'adapter le programme de la carte Picaxe de l'activité précédente pour y insérer le dialogue Bluetooth et les commandes associées. Le besoin de ports d'entrée/sortie supplémentaires pour le moteur et le dialogue Bluetooth nécessite d'adopter une carte Picaxe 14M2.

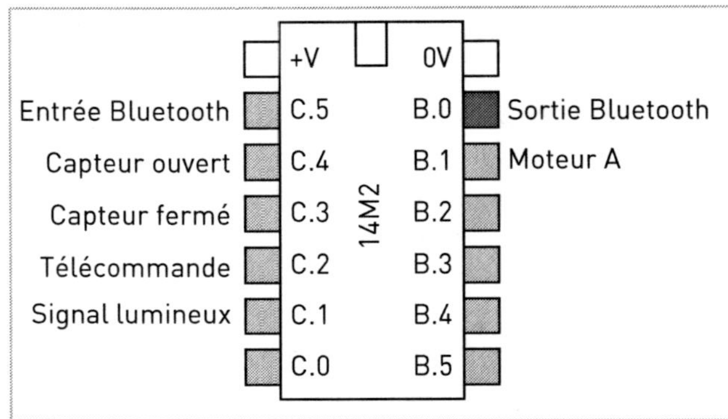

Doc. 5

① | **Dans Blockly, ouvrez le fichier *portail_BT.xml* fourni par votre professeur.**

Il reprend le comportement du portail défini dans l'activité précédente en utilisant des sous fonctions et en y intégrant le comportement du moteur.

② | **Simulez le comportement de ce programme afin de vous approprier les 4 sous fonctions définies et leur appel.**

Sur la carte 14M2, le port C.5 est réservé à la réception de donnée (*Serial In*) du module Bluetooth. La variable « choix » sera utilisée pour stocker la valeur envoyée par Bluetooth (pour changer le nom de la variable, cliquez sur le triangle à droite de « varA » et choisissez « Renommer la variable »).

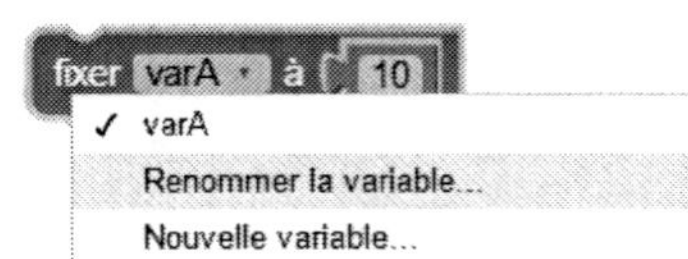

③ | **Modifiez le script principal en ajoutant :**

- **Un bloc BASIC** (du menu « Avancé ») dans lequel vous recopierez la commande « setfreq m8 » (qui permet d'adapter la fréquence du microcontrôleur).
- **Un bloc d'affectation de variable** pour fixer la valeur de la variable « choix » à 0.
- **Un second bloc BASIC** dans lequel vous recopierez la commande « serin C.5, T9600_8, choix » (qui permet de recopier la valeur lue sur le port série C.5 dans la variable « choix »).

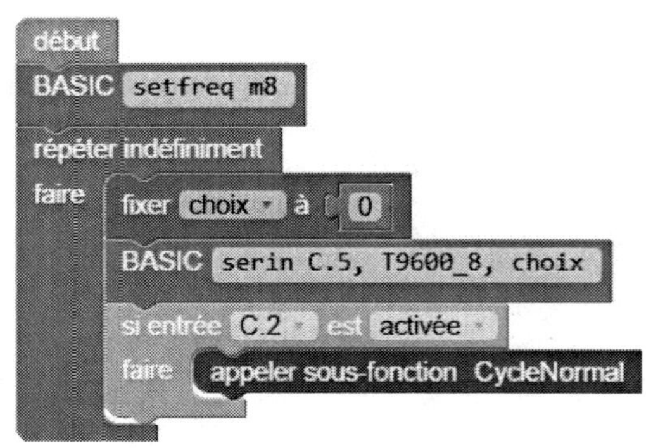

Il faut maintenant programmer le comportement du portail à partir de la valeur de « choix ». L'application Bluetooth est telle que les boutons Cycle normal, Ouvrir, Fermer et Arrêter envoient respectivement la valeur 1, 2, 3 et 4.

④ | **Reprenez puis complétez le script ci-dessus en ajoutant des boucles conditionnelles sur la valeur de la variable « choix » pour qu'il prenne en compte le comportement associé aux 4 boutons.**

⑤ | **Simulez et validez le comportement du portail en vous aidant de l'Annexe *Comment dialoguer en Bluetooth avec une carte PICAXE*.**

Pour envoyer des données, on utilise le même protocole, à savoir un bloc BASIC, en remplaçant *serin* par *serout*, et en utilisant le port correspondant à l'envoi des données (B.0 pour Picaxe 14M2).

⑥ | **Proposez une modification du programme pour que l'utilisateur soit informé de l'état de son portail (ouvert/fermé/en cours d'ouverture ou de fermeture, à l'arrêt).**

Corrigé : fichier « chap06_corrige_Picaxe »

J'applique une démarche de projet

La situation

Comment programmer ma serrure Bluetooth ?

Afin d'améliorer le confort de ses clients, un hôtelier décide d'installer des serrures Bluetooth sur les portes des chambres.

Vous êtes en charge de programmer le microcontrôleur d'une serrure qui doit permettre l'ouverture ou la fermeture de la porte par un simple clic sur le bouton correspondant de l'application du smartphone.

Le client doit pouvoir connaître l'état de la serrure lorsqu'il se trouve dans l'hôtel.

LA DÉMARCHE

Étape 1 LE BESOIN

Analysez le besoin.

Corrigé voir page suivante.

Étape 2 LE CAHIER DES CHARGES*

Rédigez le cahier des charges, en indiquant les contraintes à respecter et les critères à prendre en compte.

Étape 3 L'ÉCO-CONCEPTION*

Effectuez la conception du système en privilégiant les énergies et les matériaux les plus respectueux de l'environnement.

Étape 4 LA PRÉSENTATION ORALE*

Présentez les solutions techniques retenues et les raisons de ces choix.

Étape 5 LE PROTOTYPE OU LA SIMULATION

Réalisez un prototype du projet ou sa simulation numérique.

Étape 6 LA VALIDATION DES SOLUTIONS

Vérifiez grâce à la simulation ou par des mesures et des tests sur le prototype que les contraintes du cahier des charges sont bien respectées.

LE PROJET EST ABOUTI SI :

- ✓ *Le choix des composants est fait.*
- ✓ *Le programme du microcontrôleur est réalisé avec le logiciel Blockly pour Picaxe.*
- ✓ *Le programme du microcontrôleur est simulé avec Picaxe Editor et son comportement validé.*

Je fais le bilan

TEST EXPRESS

1 Une carte programmable est un composant :

☐ de la chaîne d'énergie.
☒ de la chaîne d'information.

2 Une carte Bluetooth peut se connecter sur n'importe quel port d'un microcontrôleur.

☐ Vrai ☒ Faux

3 Un module Bluetooth permet de :

☒ transformer les signaux analogiques en signaux numériques.
☐ capter les ondes radio.

4 Avec Blockly pour Picaxe, on peut tester un programme sans nécessairement avoir de microcontrôleur et de composants ?

☒ Vrai ☐ Faux

5 Un objet connecté :

☐ envoie seulement des informations.
☐ reçoit seulement des informations.
☒ envoie et reçoit des informations.

6 Si je branche un moteur sur la carte Picaxe, celle-ci le détecte automatiquement.

☐ Vrai ☒ Faux

7 Indiquez de 1 à 3 la chronologie des différentes étapes de programmation de communication Bluetooth :

(3) Sauvegarder la valeur lue dans une variable.
(2) Lire la valeur reçue sur le port de dialogue.
(1) Imposer une fréquence compatible Bluetooth au microcontrôleur.

À RETENIR

Piloter un objet par Bluetooth nécessite, sur l'objet : *d'un module Bluetooth permettant de convertir les ondes en signal numérique (et inversement).*

Piloter un objet par Bluetooth nécessite, sur le smartphone : *une application.*

Dans Blockly pour Picaxe :

- **L'onglet Blocks permet de** *concevoir les interactions à réaliser (imposer des ordres en fonction des informations reçues / lues.*
- **La partie simulateur permet de :** *tester le programme sans disposer des composants.*

La fonction d'un microcontrôleur est de *gérer l'interaction actionneur / capteur. C'est lui qui stocke et exécute le programme.*

Corrigé de la démarche

Pistes à suivre pour cette démarche :

Étape 1 Le besoin

Analysez le besoin

Un utilisateur doit pouvoir :

- ouvrir une serrure avec son téléphone via une connexion Bluetooth ;
- vérifier l'état de la serrure (ouverte ou fermée).

Étape 5 Le prototype ou la simulation

Réalisez un prototype du projet ou sa simulation numérique

Le programme du micro-contrôleur doit :

- Intégrer une communication Bluetooth
- Avoir comme entrées :
  - L'état de la serrure
  - Le message envoyé par le smartphone
- Avoir comme sortie
  - L'ordre d'ouverture/fermeture (qui sera stocké dans une variable à partir du message reçu en Bluetooth).

Au final, il y a 1 entrée, 1 sortie, 1 variable et les 2 ports pour le dialogue Bluetooth, il est donc possible d'utiliser le micro-contrôleur 08M2.

Dans ce projet, on ne s'occupera pas de l'appairage des appareils.

Étape 6 La validation des solutions

Vérifiez grâce à la simulation ou par des mesures et des tests sur le prototype que les contraintes du cahier des charges sont bien respectées

La validation du programme du microcontrôleur pourra se faire par un autre élève. Il faudra veiller à ce que le choix de E/S soit bien précisé. Dans le corrigé, les états des E/S choisi est le suivant :

- C.3 (entrée) : état de la serrure (0 si ouverte, 1 si fermée) ;
- C.1 (sortie) : action sur la serrure (1 demande d'ouverture, 0 demande de fermeture).

Lors de la simulation, il conviendra de modifier l'état de l'entrée 1 en fonction des actions réalisées.

Les ports C.5 et C.0 sont utilisés pour le dialogue en Bluetooth.

7 Comment aménager un appartement pour une personne en fauteuil roulant ?

Compétences utiles pour résoudre cette problématique

- **CT 2.1 -** Identifier un besoin et énoncer un problème technique, identifier les conditions, contraintes (normes et règlements) et ressources correspondantes.
- **CT 3.1 -** Exprimer sa pensée à l'aide d'outils de description adaptés : croquis, schémas, graphes, diagrammes, tableaux (représentations non normées).
- **CT 3.2 -** Traduire, à l'aide d'outils de représentation numérique, des choix de solutions sous forme de croquis, de dessins ou de schémas.
- **CT 5.1 -** Simuler numériquement la structure et/ou le comportement d'un objet.

J'analyse des situations

Doc. 1

Doc. 2

Doc. 3

1 **Pour chaque situation, quel est le problème principal auquel est confrontée la personne ?**

Doc 1 : Obstacle non détectable par la canne blanche. Doc 2 : espace disponible pour passer en fauteuil roulant. Doc 3 : guichet trop haut.

2 **Quelles sont alors les solutions retenues ?**

Doc 1 : disposer un cadre au sol en dessous de la boîte. Doc 2 : faire des places plus large. Doc 3 : aménager des guichets plus bas.

3 **Quelles autres solutions pourraient être envisagées pour les mêmes situations ?**

Les boîtes aux lettres encastrées dans le mur. Places de parking réservées plus large. Faire des présentoirs plus bas de manière générale.

Je construis mon savoir et mes compétences

1 Les normes d'accessibilité des lieux publics

❑ CT 2.1

La **loi sur l'accessibilité pour tous de 2005** a permis de proposer différentes normes à respecter pour faciliter l'accès aux personnes à mobilité réduite aux établissements recevant du public. L'illustration ci-contre présente un extrait de normes sur les pentes d'accès aux bâtiments.

À cet extrait, s'ajoutent les éléments suivants :

- Une zone de 1,50 m de diamètre est recommandée en bas de rampe.
- Si un palier existe, celui-ci doit mesurer au minimum 1,40 m × 0,90 m.

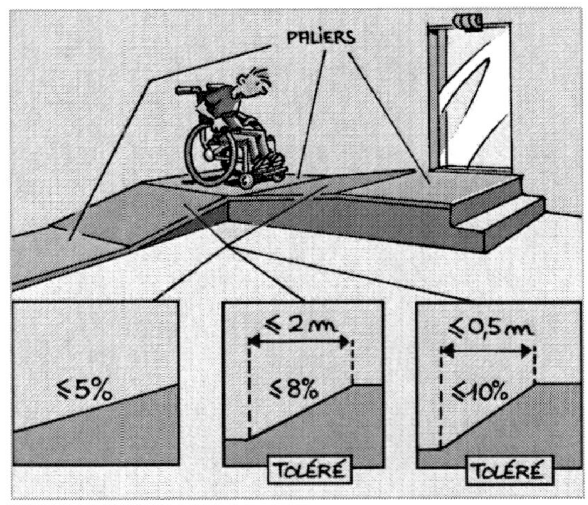

1 **Pourquoi plus la pente de la rampe est élevée, plus la longueur de celle-ci doit être faible ?**

Pour que la personne à mobilité réduite ne doive pas fournir un gros effort trop longtemps.

2 **Quel est le but des tailles imposées aux paliers et à la zone en bas de rampe ?**

Permettre au fauteuil de tourner voire faire 1/2 tour.

3 **Dans ce cas, quel est l'intérêt de cette norme ?**

Permettre l'accès à toutes les personnes aux bâtiments surélevés.

2 Les contraintes d'un potager au collège

❑ CT 3.1 ❑ CT2.1

Dans le cadre de son projet d'établissement, l'administration du collège décide de mettre en place un potager communautaire dont la gestion sera réalisée par les élèves eux-mêmes. Ce potager devra occuper au maximum 10 % de la cour de récréation (voir plan de la cour ci-contre) et devra sauvegarder au mieux les espaces de jeux et les zones principales de circulation. Il sera équipé de « Carré Potager » en bois de 1,35 m de côté et d'une hauteur de 24 cm et de « Carré Potager en Terrasse » (voir dessin) de dimensions 1,20 m x 1,00 m et d'une hauteur de 54 cm. Pour faciliter l'accès à chacune des jardinières, un « couloir » de largeur minimale de 0,9 m doit séparer chaque carré.

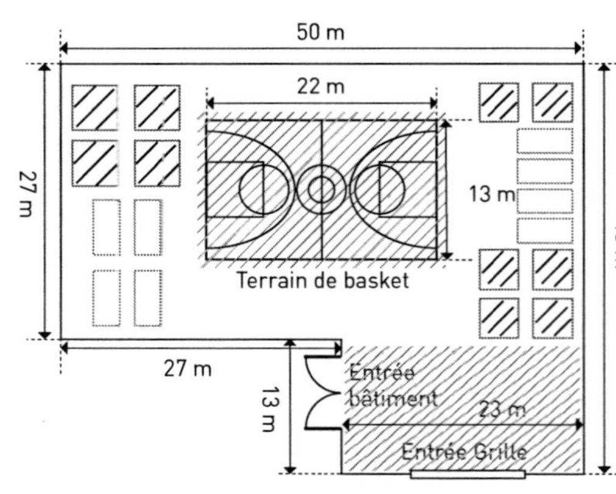

1 **Soulignez dans le texte, les différentes contraintes à respecter pour l'installation des jardinières.**

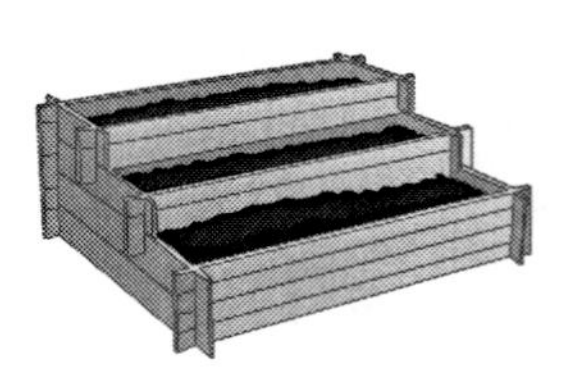

2 **Hachurez, sur le plan, les zones qui ne permettent pas la mise en place des jardinières.**

3 **Proposez un agencement pour 8 jardinières (4 normales et 4 en terrasse) à gauche du terrain de basket et pour 10 jardinières (6 normales et 4 en terrasse) de l'autre côté du terrain de basket.**

3 Cahier des charges d'une trottinette électrique

❑ CT 2.1

La trottinette électrique a été développée pour permettre à son utilisateur de se déplacer sans effort. Une adaptation de cette trottinette est proposée ici pour permettre des déplacements hors de la ville, sur des terrains naturels.

Un extrait du cahier des charges est donné ci-dessous :

	Fonctions et contraintes	Critères d'appréciation	Niveaux
F1	Permettre à l'utilisateur de se déplacer sur le sol	Vitesse	< 25 km/h
C1	S'adapter à l'utilisateur	Masse	< 95 kg
		Taille	< 1,9 m
C2	Fournir l'énergie	Tension batterie	48 V
		Puissance batterie	17 Ah
		Autonomie moyenne (1/3 montée, 1/3 descente, 1/3 plat)	35 à 40 km
C3	Respecter l'environnement	Rejet	Nul
C4	S'adapter à la nature du sol	Hauteur d'un obstacle à franchir	< 20 cm
C5	Respecter les normes	NF et CE	

1 Quelle contrainte a entrainé le concepteur à imaginer cette évolution de la trottinette ?

C4 : S'adapter à la nature du sol.

2 Complétez le diagramme des interacteurs associé à la trottinette étudiée.

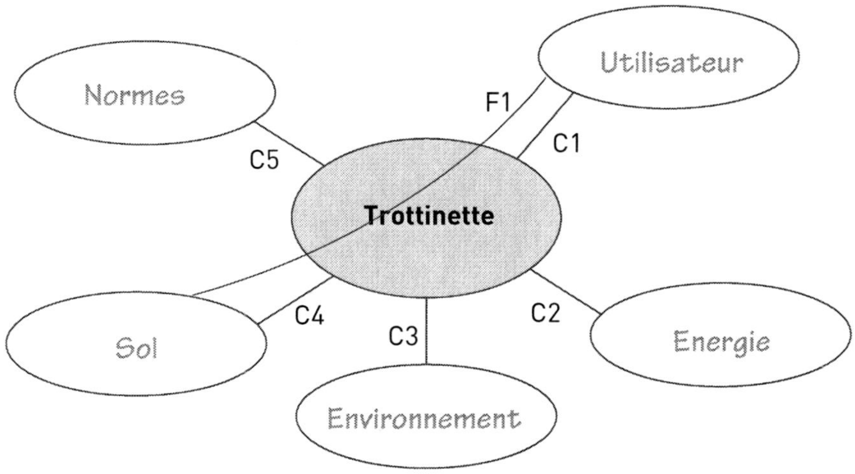

3 Entourez sur le dessin de la trottinette le composant permettant de répondre à la contrainte C4.

Le constructeur précise que l'utilisation de la trottinette est déconseillée aux moins de 14 ans.

4 Quelle contrainte faut-il ajouter au cahier des charges ?

C1 : Âge (critères) + > 14 ans (niveau)

4 Imaginer sa future maison avec SweetHome3D ❑ CT 5.1 ❑ CT 3.2

Afin de faciliter les ventes de maisons individuelles sur plan (non encore réalisées), il est préférable d'avoir une simulation 3D de la future habitation. SweetHome3D permet de réaliser ce travail à partir d'un plan (voir Annexe *Comment modéliser un aménagement avec SweetHome 3D*).

L'objectif de cet exercice est de simuler en 3D le rez-de-chaussée de la maison à partir du plan fourni par votre professeur, en réalisant les murs, les ouvrants (portes et fenêtres) et l'aménagement intérieur de chaque pièce.

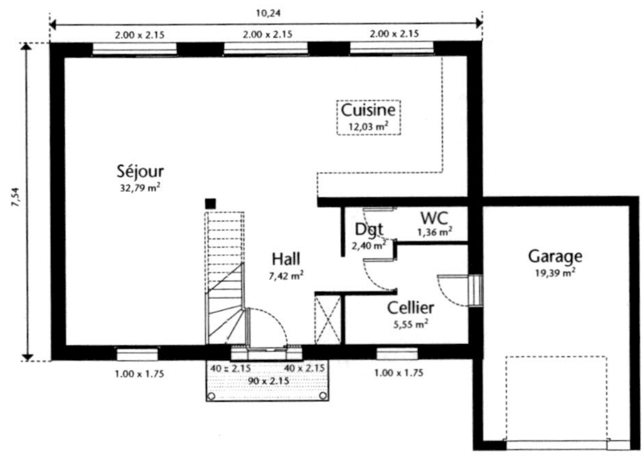

① Ouvrez le logiciel et commencez le projet avec le fichier « plan_rdc.jpg » en arrière-plan de travail (le mur extérieur séjour/cuisine a une longueur de 10,24 m).

② Créez et modifiez les murs de chacune des pièces (les murs porteurs isolés ont une épaisseur de 34 cm, les murs intérieurs ont une épaisseur de 22 cm et les cloisons, une épaisseur de 7 cm).

③ Ajoutez les pièces définies sur le plan. Précisez le nom de chaque pièce, comme indiqué sur le plan, en modifiant les propriétés des pièces (clic-droit sur la pièce et « Modifier la pièce »).

Dans le tableau ci-dessous, complétez la surface de chaque pièce indiquée par le logiciel. Comparez avec celles données par le constructeur.

Pièces	Surfaces constructeur	Surfaces mesurées
Cellier	5,55 m²	6,23 m²
WC	1,36 m²	1,7 m²
Garage	19,39 m²	19,6 m²

④ Ajoutez tous les ouvrants : portes et fenêtres du rez-de-chaussée.

⑤ Complétez l'aménagement de la maison en ajoutant :

a) Cuisine : évier, cuisinière, réfrigérateur/congélateur et complétez par du mobilier de cuisine l'espace défini sur le plan en pointillé. Le centre de la cuisine devra comporter une table ronde de 1 m de diamètre avec 4 chaises rangées autour d'elle.

b) Salon/Séjour : une table à manger rectangulaire pouvant accueillir 10 personnes, un buffet, une partie salon avec canapés, table basse et meuble TV. Agrémentez l'ensemble avec des plantes vertes. Chaque porte-fenêtre sera surmontée d'une tringle à rideaux et de rideaux.

c) WC : toilettes et petit lavabo. Les murs des toilettes devront être de couleur beige clair et le sol en carrelage.

Afin de proposer une version plus grande de la maison, le constructeur prévoit une version avec un garage rallongé et une porte d'accès au jardin à l'opposé de la porte de garage.

⑥ Déplacer le mur : dans le menu principal, cliquez sur « Plan/Sélectionner », puis cliquez sur le mur du fond du garage. Maintenez le bouton de la souris enfoncé et déplacez la souris. Pour conserver l'orientation des autres murs reliés, déplacez la souris tout en appuyant sur la touche Maj (ou Shift) du clavier. Relâchez le bouton de la souris quand le mur est à l'emplacement désiré.

⑦ Exportez, sous forme de photos, les projets des deux versions de maison en cliquant sur le bouton 📷 du menu principal.

Corrigé : fichier « chap07_corrige_SweetHome3D »

J'applique une démarche de projet

La situation

Comment aménager un appartement pour une personne en fauteuil roulant ?

On souhaite effectuer des travaux d'aménagement dans un appartement (Doc. 6) afin de rendre la salle de bains et les toilettes conformes aux normes d'accessibilité aux personnes à mobilité réduite (Doc. 7).
Vous devez modifier l'emplacement des murs de cet appartement afin de respecter la norme indiquée. Vous utiliserez le logiciel SweetHome3D avec le fichier « plan_projet.jpg » fourni par votre professeur.

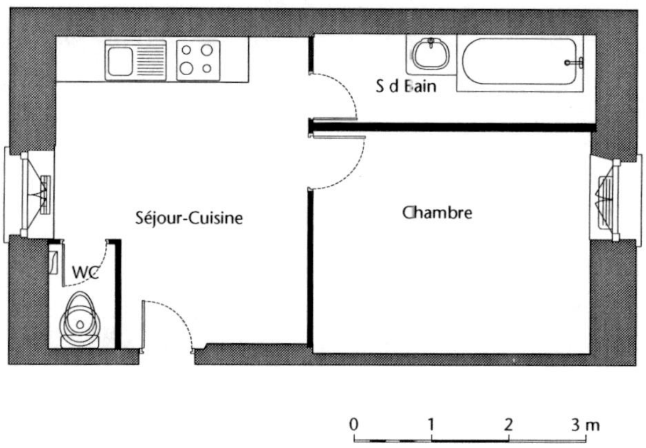

Doc. 6

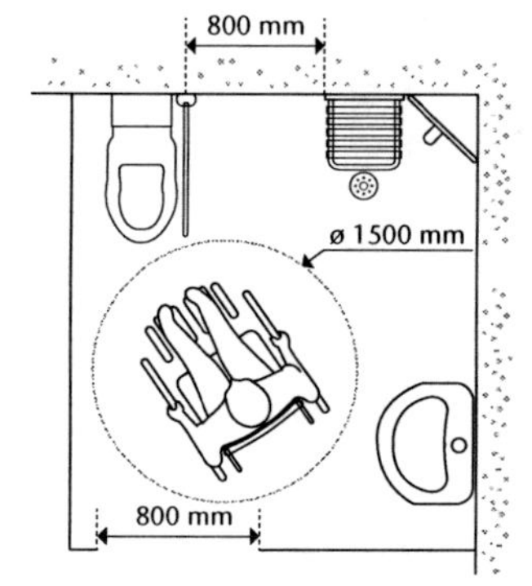

Doc. 7

LA DÉMARCHE

Étape 1 LE BESOIN

Analysez le besoin.

Corrigé voir page suivante.

Étape 2 LE CAHIER DES CHARGES

Rédigez le cahier des charges, en indiquant les contraintes à respecter et les critères à prendre en compte.

Étape 3 L'ÉCO-CONCEPTION*

Effectuez la conception du système en privilégiant les énergies et les matériaux les plus respectueux de l'environnement.

Étape 4 LA PRÉSENTATION ORALE*

Présentez les solutions techniques retenues et les raisons de ces choix.

Étape 5 LE PROTOTYPE OU LA SIMULATION

Réalisez un prototype du projet ou sa simulation numérique.

Étape 6 LA VALIDATION DES SOLUTIONS

Vérifiez grâce à la simulation ou par des mesures et des tests sur le prototype que les contraintes du cahier des charges sont bien respectées.

LE PROJET EST ABOUTI SI :

- ✓ *Les contraintes à respecter sont données.*
- ✓ *Un croquis des modifications à entreprendre est réalisé.*
- ✓ *Les modélisations 2D et 3D de l'appartement sont effectuées.*
- ✓ *Le projet d'aménagement est validé.*

Je fais le bilan

TEST EXPRESS

1 Les normes sont :

☒ utiles pour la sécurité des utilisateurs.

☐ uniquement une contrainte supplémentaire pour le concepteur/fabricant.

☒ destinées à rendre certains composants compatibles entre eux.

2 Pour être commercialisé, un produit doit obligatoirement respecter les normes.

☒ Vrai ☐ Faux

3 Un objet technique est créé pour :

☐ respecter des contraintes.

☒ répondre à un besoin.

4 Qu'est-ce qu'un cahier des charges ?

☐ Un document qui retrace l'historique des chargements d'un transporteur.

☒ Un document qui définit les performances attendues d'un produit.

5 Un critère de performance est obligatoirement associé à un niveau d'appréciation.

☒ Vrai ☐ Faux

6 Indiquez la nature de chacune des images en choisissant parmi les quatre propositions.

- Modèle numérique
- Croquis
- Dessin technique
- Prototype

Croquis

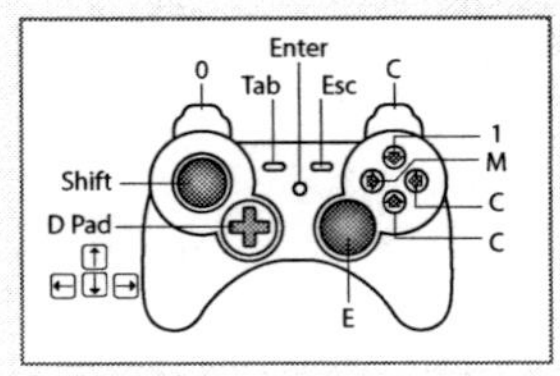

Dessin technique

Module numérique

Prototype

À RETENIR

Avant la conception d'un produit, il est nécessaire de lister les besoins et identifier les contraintes auxquelles le produit doit répondre.

Le cahier des charges contient l'ensemble des contraintes à respecter et les performances attendues par le produit.

Pour présenter rapidement un concept à un camarade, j'utilise un croquis (dessin à main levée).

Si je veux tester en condition réelle mon concept, je réalise un prototype (via une imprimante 3D par exemple).

Pour simuler le comportement d'un objet, je dois utiliser un modèle numérique.

Corrigé de la démarche

Étape 1 Le besoin

Analysez le besoin

La lecture de la situation permet de formuler le besoin suivant « Réorganiser la salle de bains pour permettre une utilisation par une personne à mobilité réduite ».

Étape 2 Le cahier des charges

Rédigez le cahier des charges, en indiquant les contraintes à respecter et les critères à prendre en compte.

Le cahier des charges doit reprendre les différentes contraintes imposées par les normes présentées dans la situation.

Comme autres contraintes on peut proposer :

- La porte d'entrée de l'appartement (juste à droite des WC) ne peut être déplacée (mais sa largeur peut être modifiée).
- Les évacuations d'eau usées ne peuvent pas être trop modifiées (impossible d'en créer de nouvelles, mais possibilité d'en condamner, ou d'en prolonger).
- Les murs intérieurs peuvent être déplacés, supprimés.
- Les murs extérieurs ainsi que les fenêtres ne peuvent pas être modifiés.

Étapes 3 et 4

Travaux de l'élève.

Étape 5 Le prototype ou la simulation

Réalisez un prototype du projet ou sa simulation numérique

La première chose à faire dans SweetHome3D est de recréer l'appartement en 3D à partir de tout ce qui n'est pas modifiable.

La largeur de la porte d'entrée doit être adaptée (largeur minimale 800mm).

Ensuite, proposer un agencement de la salle de bain en proposant un pièce plus large (à l'identique de l'illustration du Doc.7) mais attention à la fenêtre de la chambre, elle ne peut pas être déplacée, la salle de bain doit donc être « collée » aux éléments de cuisine.

Autre possibilité, supprimer la pièce chambre et proposer un appartement de type studio avec cuisine « ouverte » sur la pièce principale. On pourrait aussi imaginer une inversion cuisine/salle de bain.

Étape 6 La validation des solutions

Vérifiez grâce à la simulation ou par des mesures et des tests sur le prototype que les contraintes du cahier des charges sont bien respectées.

Dans ce type de démarche, il sera intéressant d'échanger les solutions entre les élèves pour montrer la diversité proposée. Chaque solution sera validée par un autre élève. On pourra par exemple imprimer les plans à une certaine échelle et découper un disque de diamètre 1,5m mis à l'échelle pour vérifier que le fauteuil roulant puisse accéder à l'ensemble de l'appartement, avec tous les mouvements possibles.

8 Comment rendre un mobilier urbain design ?

Compétences utiles pour résoudre cette problématique

- **CT 1.4** - Participer à l'organisation et au déroulement de projets.
- **CT 3.2** - Traduire, à l'aide d'outils de représentation numérique, des choix de solutions sous forme de croquis, de dessins ou de schémas.
- **CT 5.3** - Lire, utiliser et produire des représentations numériques d'objets.

J'analyse des situations

Doc. 1 Éclairage à LEDs.

Doc. 2 Candélabre à Paris.

Doc. 3 Éclairage pour parcs.

1 **Quelle est la caractéristique fonctionnelle commune aux trois éclairages ci-dessus ?**

Éclairer un espace public.

2 **Selon vous, en quoi ces trois éclairages sont-ils designs ?**

Ils adoptent tous les trois une forme originale et les solutions d'éclairage semblent différentes (led / ampoules standard).

3 **Qu'est-ce qui est innovant pour l'éclairage du Doc. 1 ?**

L'utilisation de LED.

4 **Qu'est-ce qui est innovant pour l'éclairage du Doc. 3 ?**

L'utilisation du panneau photovoltaïque pour la source d'énergie électrique.

Je construis mon savoir et mes compétences

1 La démarche de conception d'un objet ou démarche design

❑ CT 1.4

Doc.4 Paniers de basket pliables.

La démarche de « design » d'un objet désigne toutes les étapes depuis l'énoncé du besoin à satisfaire jusqu'à la réalisation de l'objet.

Le **Doc.4** représente un panneau de basket aisément transportable. On souhaite lancer une ligne de produits du même type en commençant par un but de football.

Répondez aux questions des Étapes n°1 et 2 et réalisez l'activité proposée à l'Étape n°4.

Étape n° 1 : **Analyser la situation**

Exprimez en une courte phrase le besoin associé au produit à concevoir :

Je veux jouer au foot partout avec un but.

Étape n° 2 : **Cibler les recherches et le contexte d'utilisation**

Imaginez le(s) contexte(s) dans le(s)quel(s) le produit peut être utilisé :

Dans un jardin, un parc, une prairie, la rue, la plage…

Imaginez les contraintes à respecter par votre produit (par exemple poids maximum, les dimensions plié, déplié, matériaux à utiliser...) :

Masse < 3 kg, taille pliée < 40 cm de côté, épaisseur pliée < 10 cm.

Matériaux : léger, déformable (mémoire de forme…).

Étape n° 3 : **Effectuer une veille technologique**

S'informer sur les innovations dans le même domaine en consultant les sites des entreprises fabricant ou commercialisant un produit similaire.

Étape n° 4 : **Imaginer des solutions et faire des choix**

Lors de cette étape, on imagine plusieurs solutions répondant aux contraintes énumérées aux étapes précédentes en réalisant un *brainstorming* :

1. *Constituez un groupe de « designers » et désignez un animateur.*
2. *Pour chaque contrainte listée à l'Étape n° 2, l'animateur interroge le groupe sur les moyens d'y répondre. L'animateur note toutes les idées sur un document sans les trier.*
3. *Regroupez et classez les idées qui se ressemblent.*
4. *Sélectionnez en groupe la solution la plus adaptée.*

Étape n° 5 : **Représenter la solution**

Une fois les choix arrêtés, on peut représenter la solution par des schémas, croquis puis à l'aide d'un modeleur volumique, voire un prototype.

2 Caractéristiques esthétiques, fonctionnelles et innovantes d'un objet

❑ CT 3.2

Lisez le texte, puis complétez-le à l'aide des mots suivants : *esthétique(s), fonctionnelle(s), innovante(s).*

La société Wikkelhouse a mis au point une maison (Doc. 5) dont la caractéristique innovante est d'être constituée de modules préfabriqués en bois 100 % recyclable. Ceci permet de moduler la taille de la maison en choisissant le nombre de blocs qui la constitue sans nécessiter de fondations.

Les caractéristiques fonctionnelles d'un habitat classique sont conservées : on peut y aménager une cuisine, une salle d'eau, du chauffage, etc.

Les matériaux utilisés permettent des isolations phonique et thermique exceptionnelles tout en garantissant des caractéristiques esthétiques harmonieuses à même de s'accorder avec un environnement naturel ou urbain.

Doc.5

3 Exemples d'évolution des caractéristiques fonctionnelles, esthétiques et innovantes

❑ CT 3.2

L'accordage d'une guitare se réalise en actionnant les mécaniques liées aux cordes afin d'en ajuster la tension (Doc. 6).

Les systèmes automatiques développés par Gibson notamment (Doc. 7) permettent un accordage automatique grâce à six moteurs et une servo-commande fonctionnant sur batterie.

Le système s'intègre le plus discrètement possible à l'arrière de la tête du manche afin de ne pas perturber l'aspect esthétique de l'instrument.

Doc.6

Cochez la bonne réponse :

- **Quelle est la caractéristique fonctionnelle commune aux Doc. 6 et 7 ?**

☐ Tourner les mécaniques.
☒ Accorder la guitare.

- **Quelle est l'innovation associée au Doc. 7 ?**

☐ Accorder la guitare.
☒ Fonctionnement automatique.

- **Les choix esthétiques du produit du Doc. 7 sont réalisés dans le but :**

☐ d'attirer le regard du client.
☒ d'être quasi invisible.

Doc.7

4 Modéliser un objet avec un modeleur volumique (SketchUp)

❑ CT 5.3

Ouvrez le fichier SketchUp nommé « smartphone » fourni par votre professeur.
Il s'agit de l'ébauche d'une coque de smartphone. L'objectif est de réaliser le trou pour la caméra.

① Sélectionnez l'outil « mètre » et cliquez sur l'arrête à gauche puis cliquez à droite pour placer une ligne, modifiez la distance à 10 mm. 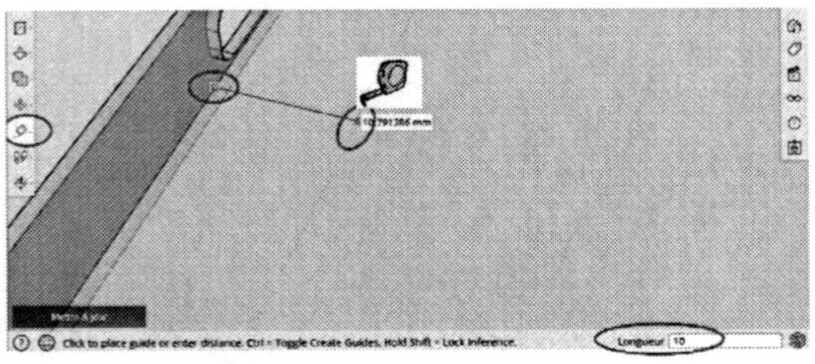	**② Reprenez la même démarche pour placer une ligne à 15 mm de l'arrête supérieure. Puis sélectionnez l'outil « Cercle ».** 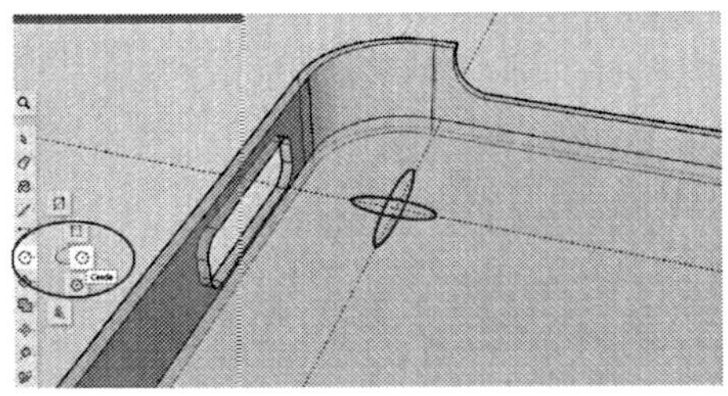
③ Cliquez à l'intersection des deux lignes et tracez un cercle de rayon 3,5 mm. 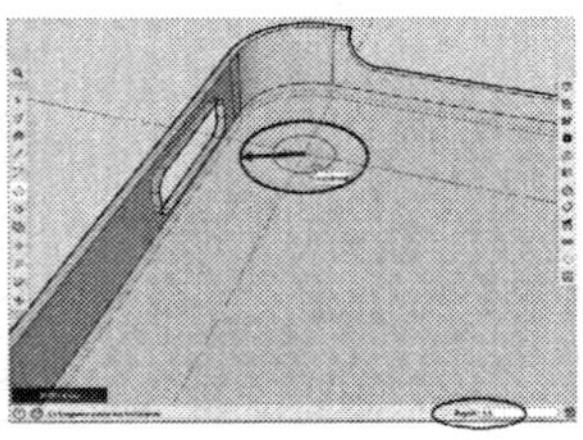	**④ Sélectionnez la fonction « Pousser/Tirer ».** 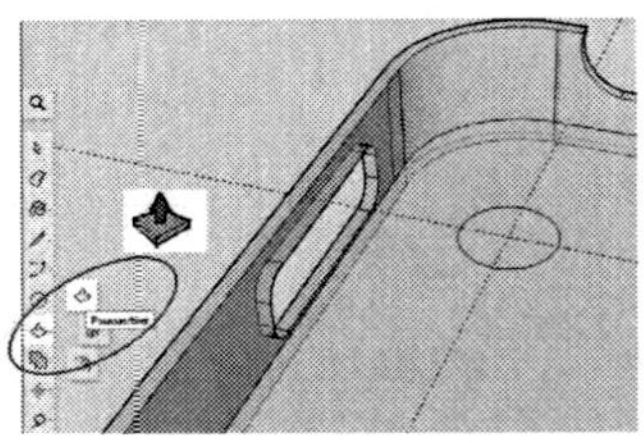
⑤ Cliquez dans la surface du cercle pour la sélectionner. 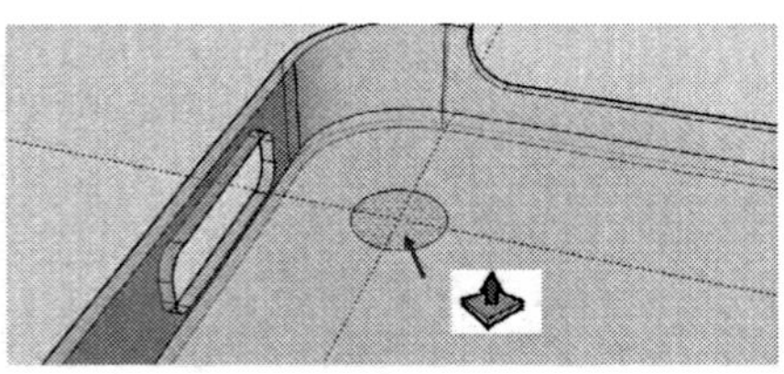	**⑥ Poussez en avançant la souris pour réaliser le perçage. Retournez le modèle et sélectionnez la face opposée pour finir.** 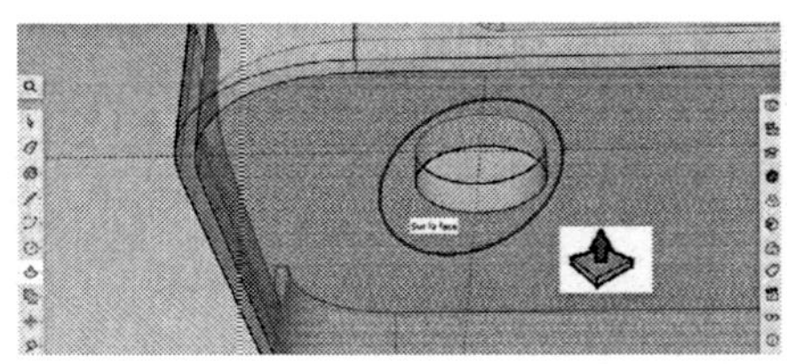

5 Réaliser un fichier utilisable sur imprimante 3D

❑ CT 5.3

L'impression d'une pièce avec une imprimante 3D nécessite de convertir le fichier réalisé sous SketchUp au format STL.

① **Allez dans le dossier contenant le fichier SketchUp réalisé à l'exercice 2 et réalisez un « clic-droit » à l'aide de la souris sur le fichier. Cliquez sur « Propriétés ».**

Notez le type du fichier et son extension : sketchup.skp

② **Ouvrez dans SketchUp ce fichier.**

③ **Cliquez sur « Fichier » puis « export to STL ».**

④ **Vérifiez à nouveau le type et l'extension du fichier que vous venez d'enregistrer. Modifiez l'extension si nécessaire en .stl.**

J'applique une démarche design

La situation

Comment rendre un mobilier urbain design ?

La ville de Brest construit un éco-quartier sur un ancien site industriel. Ce quartier est relié à l'actuel centre-ville par le premier téléphérique urbain de France.

On souhaite concevoir un banc à l'aide du logiciel SketchUp. Ce banc sera destiné aux passagers qui attendent en station.

Celui-ci devra être esthétique, fonctionnel et innovant, s'accorder visuellement avec le téléphérique.

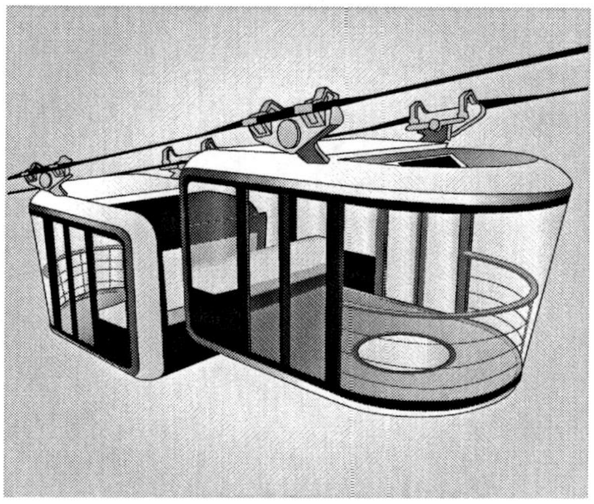

LA DÉMARCHE

Étape 1 ANALYSER LA SITUATION

Exprimez le besoin associé au produit à concevoir.

Corrigé voir page suivante.

Étape 2 CIBLER LES RECHERCHES ET LE CONTEXTE D'UTILISATION

Imaginez le(s) contexte(s) dans le(s)quel(s) le produit peut être utilisé et les contraintes à respecter.

Étape 3 EFFECTUER UNE VEILLE TECHNOLOGIQUE

Informez-vous sur les innovations dans le même domaine en consultant les sites des entreprises fabricant ou commercialisant un produit similaire.

Étape 4 IMAGINER DES SOLUTIONS ET FAIRE DES CHOIX

Imaginez plusieurs solutions répondant aux contraintes énumérées aux étapes précédentes en réalisant un *brainstorming*.

Étape 5 REPRÉSENTER LA SOLUTION

Représentez la solution par des schémas, croquis puis à l'aide d'un modeleur volumique, voire un prototype.

LA DÉMARCHE EST ABOUTIE SI :

- ✓ *Un brainstorming est réalisé.*
- ✓ *Des caractéristiques fonctionnelles, esthétiques et innovantes sont trouvées.*
- ✓ *Le modèle 3D du banc est créé.*

Je fais le bilan

TEST EXPRESS

1 La démarche design consiste à :

☐ dessiner des objets beaux et modernes.

☐ créer un modèle 3D d'un objet pour l'imprimer.

☒ imaginer une solution fonctionnelle, esthétique et innovante répondant au mieux aux besoins énoncés.

2 Un *brainstorming* permet de :

☐ diriger une équipe de designers.

☒ mettre en commun les idées en phase de conception.

☐ soulager des maux de tête.

3 Cochez la bonne réponse.

• La caractéristique fonctionnelle d'un objet désigne la fonction principale qu'il doit satisfaire.

☒ Vrai ☐ Faux

• Les imprimantes 3D acceptent n'importe quel format de fichier provenant d'un modeleur volumique.

☐ Vrai ☒ Faux

4 Reliez les outils du logiciel SketchUp aux actions qu'ils réalisent :

« Pousser/ Tirer »

« Mètre»

Déplacer l'objet

Dessiner un cercle

Réaliser un perçage

Placer une cote (ligne)

À RETENIR

On peut rechercher collectivement une solution innovante en réalisant un brainstorming.

On peut réaliser en phase de conception le modèle en 3D d'un objet avec un modeleur volumique (logiciel de CAO : Solidworks, Sketchup, Autocad…)

La différence entre la caractéristique fonctionnelle et la caractéristique esthétique d'un produit est que la fonctionnelle fait référence au besoin à réaliser alors que l'esthétique fait référence à la forme, aux couleurs, etc. de l'objet.

On peut préparer l'impression d'un modèle 3D en un fichier au format STL à partir d'un modeleur volumique sur lequel l'objet aura été modélisé.

Corrigé de la démarche

Pistes à suivre pour cette démarche :

Étape 1 Analyser la situation

On attend ici de l'élève qu'il exprime le besoin en utilisant de préférence le vocabulaire du chapitre, par exemple :

• Fonction attendue ou caractéristique fonctionnelle : permettre aux passagers d'attendre le téléphérique en position assise.

Étape 2 Cibler les recherches et le contexte d'utilisation.

On peut utiliser le diagramme des interacteurs vu au chapitre 7 pour lister les éléments extérieurs en interaction avec le mobilier et arriver par exemple aux contraintes suivantes :

– permettre à l'utilisateur de s'asseoir confortablement ;

– s'adapter à l'utilisateur : poids, taille, âge, handicap… ;

– respecter les normes en terme de mobilier urbain, des recherches sont à effectuer dans ce domaine notamment ;

– respecter l'environnement.

Étape 3

Travaux de l'élève.

Étape 4 Imaginer des solutions et faire des choix.

Quelques pistes pour effectuer des choix de conception :

– privilégier les matériaux (ou aspects, couleurs) bois et aluminium (voir image des cabines).
Les matériaux doivent être résistants à la corrosion (environnement marin fortement corrosif) ;

– caractéristique esthétique : rechercher des formes originales et arrondies rappelant les cabines ;

– caractéristique innovante : forme, matériaux, éclairage, panneau solaire, etc.

9 Comment mesurer l'efficacité d'une éolienne ?

Compétences utiles pour résoudre cette problématique

- **CT 1.2 -** Mesurer des grandeurs de manière directe ou indirecte.
- **CT 1.4 -** Participer à l'organisation et au déroulement de projets.

J'analyse des situations

Doc. 1 Éolienne horizontale à 3 pales.

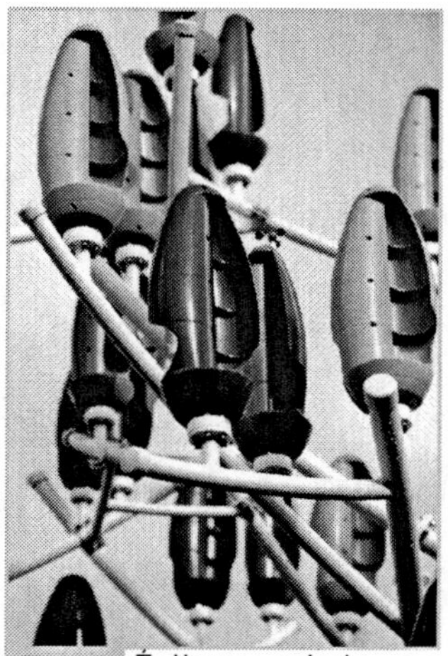

Doc. 2 Éolienne urbaine avec système de micro-turbine nommée « Arbre à vent ».

Doc. 3 Éolienne verticale.

1 **Selon vous, les trois éoliennes ci-dessus ont-elles les mêmes performances ?**

De part leur taille et leur situation, les performances ne semblent pas être les mêmes.

2 **Quelles grandeurs doit-on mesurer pour évaluer leur efficacité ?**

L'énergie électrique fournie en fonction de la vitesse du vent « prélevée ».

3 **Selon vous, quelle est l'éolienne qui démarre avec le vent le plus faible ?**

Celle du Doc 2 (les « feuilles » sont relativement petites et légères).

Je construis mon savoir et mes compétences

1 Les performances et les critères

❑ CT 1.2

On souhaite concevoir un modèle réduit de train. Une étape consiste à choisir le moteur électrique adapté au modèle réduit et à son environnement.

Les performances attendues pour ce moteur électrique sont décrites dans le cahier des charges suivant :

Critères de performance	Niveaux à respecter
Encombrement maximum : Longueur x Largeur x Hauteur en mm	32 x 18 x 18
Tension d'alimentation en Volts	12
Intensité maximale en Ampères	0,5
Vitesse de rotation minimale à atteindre en tours par minute	4 500
Efficacité énergétique	Rendement maximal

On compare dans le tableau ci-dessous les performances des trois moteurs :

Caractéristiques	Moteur 1	Moteur 2	Moteur 3
Encombrement en mm	15 x 12 x 10	28 x 15 x 15	~~56 x 24 x 18~~
Tension d'alimentation en Volts	12	12	~~14~~
Intensité maximale en Ampères	0,18	0,4	~~0,61~~
Vitesse de rotation maximale en tours par minute	7 600	5 800	5 000
Puissance utile en Watts	1,1	2,5	2,56
Puissance électrique consommée en Watts	2,16	4,8	8,54
Rendement	51 %	52 %	30 %

1 Rayez en rouge dans le tableau les caractéristiques des moteurs qui ne respectent pas les critères du cahier des charges.

2 Quel(s) moteur(s) peut-on choisir ? Le moteur 1 ou 2.

Aide

La **puissance électrique** consommée se calcule ainsi :

Puissance électrique consommée (en Watt) = Tension (en Volt) × Intensité (en Ampère)

3 Complétez la ligne puissance électrique consommée du tableau pour chacun des trois moteurs.

Aide

La puissance utile est la puissance fournie par le moteur au train. On peut alors calculer le **rendement** ainsi :

$$\text{Rendement (en \%)} = 100 \times \frac{\text{Puissance utile}}{\text{Puissance consommée}}$$

4 Complétez la dernière ligne du tableau.

5 Quel(s) est(sont) le(s) moteur(s) le(s) plus adapté(s) au cahier des charges ?

Les moteurs 1 ou 2 conviennent. Le 1 est mieux (il consomme moins).

2 Les instruments de mesure

❑ CT 1.2

Un particulier a mis en place, pour son chalet d'altitude, un système de production d'eau chaude autonome. L'eau est recueillie lorsqu'il pleut ou lorsqu'il neige. Un panneau photovoltaïque est installé sur le toit.

1 Complétez le texte suivant en plaçant les mots : *électrique, calorifique, solaire.*

L'énergie solaire est captée par un panneau photovoltaïque qui délivre une énergie électrique . Cette énergie permet ensuite d'alimenter une résistance chauffante qui va fournir la chaleur également appelée énergie calorifique au ballon d'eau.

Le propriétaire souhaite contrôler les performances de son installation de production d'eau chaude, il va pour cela mesurer les grandeurs physiques associées aux différentes formes d'énergies définie à la question 1.

Il dispose des instruments de mesure du tableau ci-dessous.

2 Complétez les zones pointillées du tableau en précisant la grandeur mesurée : *intensité, luminosité, tension, température.*

 **a)** Voltmètre	 **b)** Luxmètre	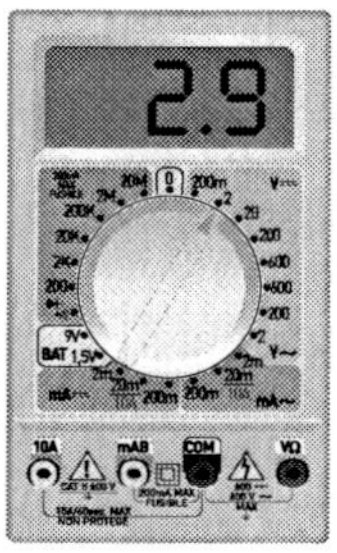 **c)** Ampèremètre	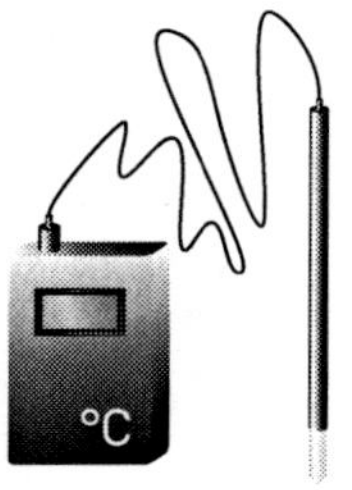 **d)** Thermomètre
Tension	Luminosité	Intensité	Température

3 Replacez les instruments de mesure sur le Doc. 4 en précisant le nom de l'instrument dans la case correspondante.

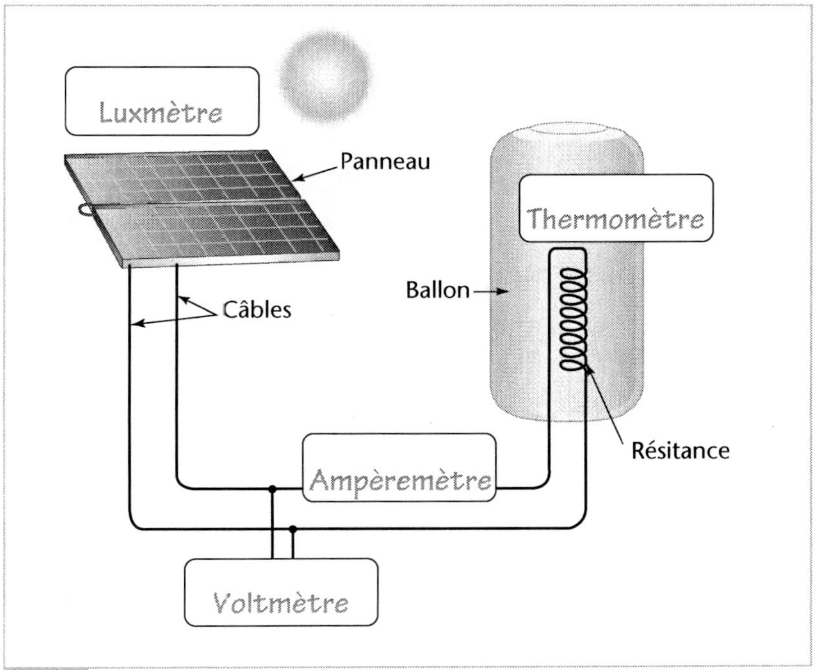

Doc. 4

3 Comprendre un protocole d'expérimentation

❑ CT 1.4

Le débit est un volume écoulé par unité de temps : V/t en mètres cube par seconde ou litres par heure.
Afin de mesurer le débit d'eau dans une canalisation on peut utiliser un débitmètre constitué d'une roue entraînée par l'écoulement de l'eau. Cette roue entraîne une génératrice tachymétrique.

La génératrice tachymétrique délivre un signal sous forme d'une tension électrique qui peut être relevée avec un voltmètre. Elle permet ainsi de mesurer la vitesse de rotation de la roue, et donc indirectement le débit.

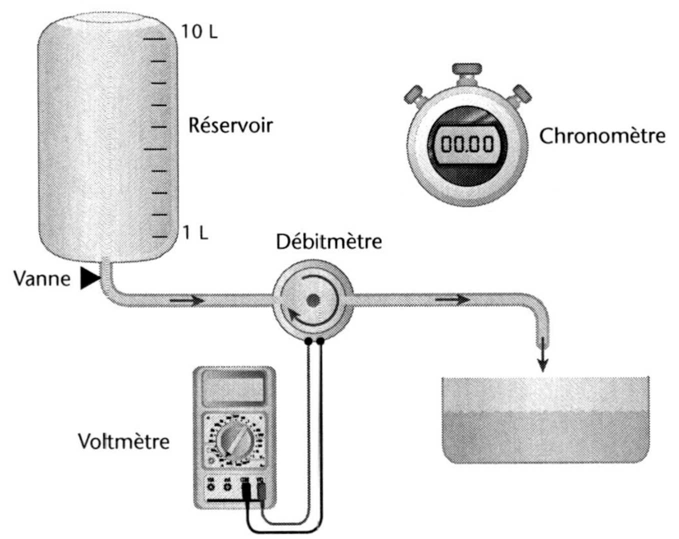

Doc. 5

On souhaite mettre en place un protocole pour étalonner le débitmètre : c'est-à-dire établir la relation entre la tension mesurée et le débit : *Débit = K × tension*.

On dispose d'un réservoir gradué de 10 litres, d'une vanne, d'un chronomètre et d'un voltmètre (voir Doc. 5)

1 Ordonnez les étapes du protocole de mesure en les numérotant de 1 à 5.

N° 1 : Ouvrir la vanne. Laisser s'écouler l'eau jusqu'à stabilisation de la tension électrique mesurée.

N° 5 : Calculer le débit : $\frac{V_{final} - V_{initial}}{t_{final}} \times 3\,600$ pour obtenir le débit en litres par heure puis calculer le coefficient K.

N° 2 : Quand la tension est stabilisée : relever la valeur de la tension.
Déclencher le chronomètre et relever le volume d'eau dans le réservoir : $V_{initial}$.

N° 3 : Laisser s'écouler l'eau le temps que cinq secondes au moins s'écoulent sur le chronomètre.

N° 4 : Fermer la vanne et interrompre le chronomètre. Relever le temps t_{final} sur le chronomètre. Relever le volume d'eau restant dans le réservoir : V_{final}.

En réalisant le protocole, on a obtenu les valeurs suivantes :

- volume initial : 10 litres
- volume final : 9 litres
- temps écoulé : 10 secondes
- la tension est stabilisée à 1,2 V

2 Quelle est la valeur du coefficient K ?

$$\text{Débit} = \frac{V_{final} - V_{initial}}{t_{final}} \times 3\,600 = \frac{9 - 10}{10} \times 3\,600 = -360 \text{ L/h.}$$

$$K = \frac{\text{Débit}}{\text{Tension}} = \frac{360}{1{,}2} = 300 \text{ L/h/Volt.}$$

J'applique une démarche d'investigation

La situation

Comment mesurer l'efficacité d'une éolienne ?

L'énergie éolienne a connu un important développement ces dernières années et a atteint un niveau industriel pour la production d'énergie électrique. Plusieurs formes d'éoliennes très différentes sont proposées sur le marché.

L'objectif est d'imaginer un protocole expérimental permettant de les comparer en mesurant leurs performances. On s'attachera notamment à comparer leur rendement ainsi qu'à déterminer la vitesse du vent minimum permettant leur fonctionnement.

LA DÉMARCHE

Étape 1 LE PROBLÈME

Reformulez le problème.

Corrigé voir page suivante.

Étape 2 LES HYPOTHÈSES

Exprimez des hypothèses et imaginez les recherches ou expériences possibles pour les valider.

Étape 3 LES ACTIVITÉS D'INVESTIGATION

Effectuez les recherches ou les expériences nécessaires.

Étape 4 LA VALIDATION DES HYPOTHÈSES

Mettez en commun vos résultats. Validez l'hypothèse de l'étape 2 ou formulez-en une nouvelle.

Étape 5 LA CONCLUSION

Résumez les connaissances acquises au cours de la démarche.

LA DÉMARCHE EST ABOUTIE SI :

- ✓ *Les instruments de mesures nécessaires sont présentés.*
- ✓ *Le protocole de mesure est établi.*
- ✓ *Les grandeurs à mesurer sont définies.*

Je fais le bilan

TEST EXPRESS

1 Pour mesurer la luminosité, on utilise :

☐ un ampèremètre.
☐ un luminomètre.
☒ un luxmètre.

2 Un voltmètre mesure :

☒ la tension.
☐ la pression.
☐ l'intensité.

3 On peut évaluer l'efficacité énergétique d'un système avec :

☐ un voltmètre.
☒ le rendement.
☐ le cahier des charges.

4 Reliez chaque capteur à sa grandeur mesurée :

Voltmètre •	• Vitesse de rotation
Débitmètre •	• Temps
Tachymètre •	• Tension électrique
Chronomètre •	• Volume écoulé

5 La tension s'exprime en :

☒ volt (V).
☐ ampère (A).
☐ watt (W).

6 Cochez la bonne réponse.

- Pour mesurer une puissance électrique, il faut mesurer deux grandeurs électriques.
  ☒ Vrai ☐ Faux
- Le cahier des charges est un tableau regroupant les mesures effectuées sur un objet technique.
  ☐ Vrai ☒ Faux
- Un protocole de mesure est la liste des capteurs nécessaires à la mesure d'une ou plusieurs grandeurs physiques.
  ☐ Vrai ☒ Faux
- Pour spécifier une performance attendue, on définit un critère et un niveau.
  ☒ Vrai ☐ Faux

À RETENIR

Pour mesurer une grandeur physique, on peut utiliser un capteur (adapter son choix à la grandeur, bien sûr !).

Une performance c'est une caractéristique de fonctionnement définie dans le cahier des charges (niveau à respecter).

Pour mesurer une performance, on doit établir un protocole de mesure.

Corrigé de la démarche

Étape 1 Le problème

On attend ici de l'élève qu'il relise la situation pour en extraire les principaux points lui permettant de présenter le problème avec ses propres mots. Pour être correcte, cette reformulation doit reprendre les termes associés à :

- la notion de performance et de critères associés : vitesse du vent, puissance électrique, rendement ;
- un protocole expérimental : mesure de performances, de grandeurs physiques.

Étape 2 Les hypothèses

On doit, dans cette étape, lister les grandeurs à mesurer et commencer à imaginer les moyens d'y parvenir :

- puissance électrique délivrée ;
- vitesse de rotation de l'éolienne ;
- vitesse du vent.

La vitesse du vent est également un élément à faire varier pour répondre à la problématique, plusieurs solutions sont envisageables pour des éoliennes de taille modeste. On peut notamment envisager la construction d'une soufflerie avec l'utilisation d'un « gros » ventilateur dont on fait varier la vitesse de rotation en faisant varier la tension d'alimentation du moteur. On peut également placer les éoliennes en situation extérieure et mesurer le vent avec un anémomètre. La définition du rendement est plus délicate : on peut comparer les éoliennes avec le critère du rendement en comparant leur puissance électrique pour une même vitesse de vent.

Liste des capteurs :

- anémomètre pour mesurer la vitesse du vent ;
- voltmètre et ampèremètre pour mesurer la puissance (une charge d'impédance adaptée est à prévoir) ;
- tachymètre ou caméra/logiciel pour mesurer la vitesse des éoliennes.

Étapes 3 et 4

Travaux des élèves.

Étape 5 La conclusion

Cette démarche d'investigation a permis :

- de lier des performances attendues à la notion de grandeur à mesurer,
- de lier des grandeurs physiques aux capteurs qui permettent de les mesurer,
- d'établir un protocole expérimental adapté à une problématique.

10 Comment peut être recyclé mon téléphone portable ?

Compétences utiles pour résoudre cette problématique

- **CS 1.7** - Interpréter des résultats expérimentaux, en tirer une conclusion et la communiquer en argumentant.
- **CT 6.2** - Analyser l'impact environnemental d'un objet et de ses constituants.
- **CT 6.3** - Analyser le cycle de vie d'un objet.

J'analyse des situations

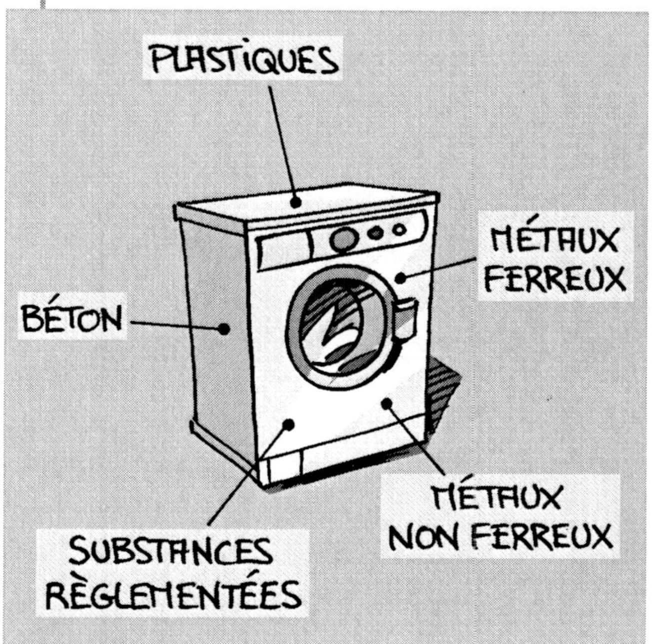

Doc. 1 Constituants d'un lave-linge.

Doc. 2a

Doc. 2b Fins de vie d'un lave-linge.

1 **Analysez le Doc. 1 et expliquez pourquoi la situation du Doc. 2b n'est pas acceptable.**

Le lave-linge (et beaucoup de produits) contient des matériaux non bio-dégradables.

Dans la nature, ils produisent donc une pollution irréversible !

2 **Pourquoi le lave-linge du Doc. 1 doit être trié à part des ordures ménagères usuelles ?**

Car il contient différents types de matériaux à séparer « manuellement ».

3 **Imaginez les étapes qui suivent la situation du Doc. 2a.**

Démontage puis tri des pièces (plastiques / métalliques) puis envoi des matériaux triés dans des centres de recyclage adaptés pour une nouvelle vie.

Je construis mon savoir et mes compétences

1 Le cycle de vie

❑ CT 6.3

Le **Doc. 3** présente le cycle de vie d'une brosse à dent électrique.

1 **Complétez les zones en pointillés en utilisant les termes suivants :**
extraction (des matières premières) – collecte/tri – conception – fabrication – utilisation – transport – incinération – recyclage.

① Conception

② Extraction

③ Fabrication

⑦ a) Incinération ← ⑥ Collecte/tri ← ⑤ Utilisation ← ④ Transport

⑦ b) Recyclage

Doc. 3

2 **Précisez l'impact environnemental de chaque étape du cycle de vie du Doc. 3 en reportant son numéro dans le tableau ci-dessous. Une même étape peut apparaître plusieurs fois.**

Impacts sur l'environnement	Numéro de l'étape du cycle de vie
Émission de polluants : gaz à effet de serre, particules fines, dispersion métaux lourds, produits toxiques, etc.	2, 3, 4, 7a.
Consommation d'énergie : électrique (de source renouvelable ou fossile), pétrole, charbon, gaz.	1, 2, 3, 4, 5, 6, 7a et b.
Épuisement des matières premières : extraction de métaux (cuivre, fer, ...), de matériaux rares, consommation de pétrole pour produire du plastique.	2, 3.

2 Le recyclage des matériaux : exemple des bouteilles en plastique

❑ CT 6.3 ❑ CS 1.7

L'épuisement des matières premières peut être en partie évité grâce au recyclage des matériaux. Les matériaux recyclables sont signalés par le logo (ruban de Möbius) du Doc. 4.

Doc. 4

1 Quels sont les avantages de recycler ?

Éviter l'épuisement des matières premières (ressources naturelles).

Les plastiques de type PET (polytéréphtalate d'éthylène) et PEHD (polyéthylène haute densité) constituant les bouteilles en plastique sont obtenus par raffinement du pétrole. Le PET permet la fabrication des plastiques transparents (éventuellement colorés) alors que le PEHD est utilisé pour la fabrication des plastiques opaques.

2 Complétez les pointillés du tableau ci-dessous en précisant s'il s'agit d'objets en *PET* ou *PEHD*.

		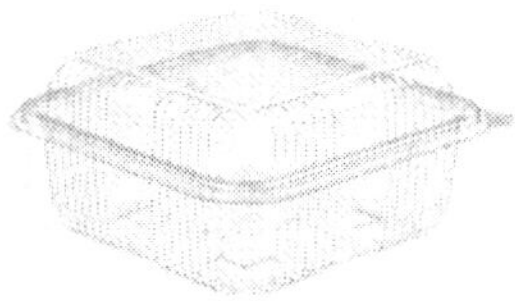	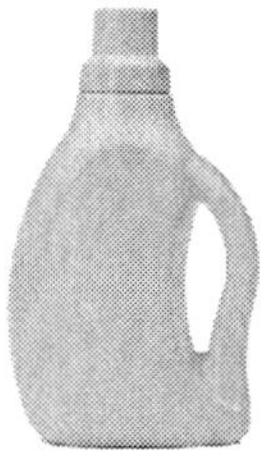
PET	PEHD	PET	PEHD

Lisez le Doc. 5 et répondez aux questions.

Dans les centres de tri des déchets, les bouteilles plastiques sont séparées des autres déchets, lavées puis comprimées en balles avant d'être envoyées dans les usines de traitement spécialisées.
Les bouteilles sont alors broyées pour former des paillettes qui sont à nouveau lavées. Dans l'eau, les paillettes de PEHD flottent alors que les paillettes de PET coulent, ce qui permet de les séparer. Les paillettes de PEHD et de PET vont ensuite être fondues en granulés qui pourront être à nouveau employés pour la fabrication de nouvelles bouteilles ou d'autres objets.

Doc. 5

3 Comment sont séparés les différents plastiques ?

Dans l'eau, les paillettes PET coulent, celles en PEHD flottent elles sont donc triées grâce à leur différence de densité.

4 Sous quelle forme le plastique est-il transformé avant d'être recyclé en de nouveaux objets ?

En granulés.

3 L'obsolescence

❑ CT 6.3

Définitions

L'utilisateur se débarrasse d'un objet et le remplace par un objet neuf lorsqu'il l'estime obsolète. On recense trois formes d'obsolescence :

a) **Obsolescence de fonctionnement :** un produit est conçu de manière à ne plus pouvoir marcher après un certain temps de fonctionnement.

b) **Obsolescence de service après-vente :** le consommateur a davantage intérêt à remplacer le produit qu'à le faire réparer.

c) **Obsolescence d'incompatibilité :** un produit devient inutile car il n'est plus compatible avec les versions suivantes.

Attribuez la situation des personnages suivants à l'obsolescence à laquelle il est confronté.

a) •———•

« La batterie de ma tablette n'a plus d'autonomie et il est impossible de la changer car le démontage et remontage du produit n'a pas été prévu lors de sa conception. »

b) •———•

« La panne moteur de ma voiture me coûterait plus cher que le prix d'achat d'une voiture d'occasion plus récente. »

c) •———•

« Les caractéristiques de fonctionnement du processeur et la taille maximale de mémoire vive de mon ordinateur ne me permettent plus d'installer les derniers systèmes d'exploitation et les logiciels dont j'ai besoin. »

4 Le tri des déchets

❑ CS 1.7

Le tri permet d'orienter les différents types de déchets en fonction de leur nature.

Triez les déchets de la poubelle ci-dessous en les reliant à la bonne filière de valorisation. Plusieurs filières sont parfois possibles.

Recyclage : les matériaux sont retraités en fonction de leur nature pour produire de nouveaux objets.

Méthanisation : les matières organiques sont collectées puis dégradées en l'absence d'oxygène. Le biogaz qui se libère peut être utilisé comme le gaz de ville.

Incinération : les déchets non dégradables et non recyclables peuvent être incinérés, la chaleur produite est utilisée pour le chauffage collectif ou la production d'énergie électrique.

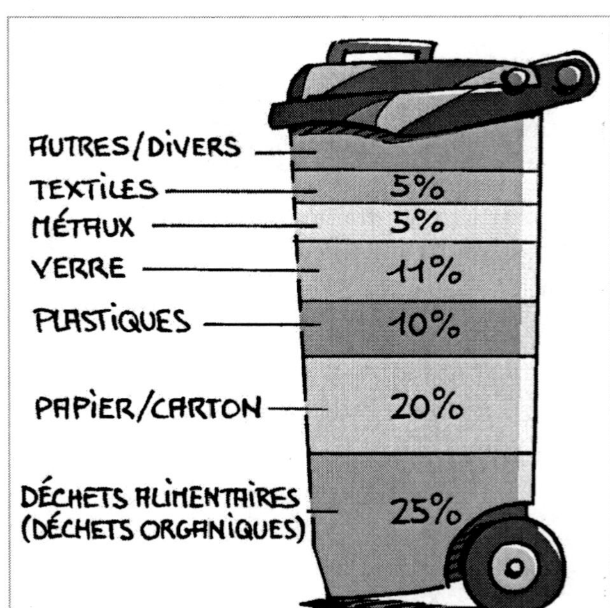

J'applique une démarche d'investigation

La situation

Comment peut être recyclé mon téléphone portable ?

Le smartphone est désormais un objet de grande consommation. L'évolution rapide de ses caractéristiques fonctionnelles mais également l'objet de mode qu'il est devenu poussent les consommateurs à renouveler leur appareil tous les dix-huit mois en moyenne. Or, on estime pourtant que la durée de vie d'un smartphone pourrait atteindre dix ans (hors batteries). Des millions de smartphones sont donc jetés tous les ans, générant une grande quantité de déchets.

La collecte et le recyclage de ces appareils sont un enjeu majeur. On souhaite reconstituer les différentes étapes du cycle de vie d'un smartphone. Vous vous intéresserez particulièrement au recyclage des matériaux qui le constituent.

LA DÉMARCHE

Étape 1 LE PROBLÈME

Reformulez le problème.

Corrigé voir page suivante.

Étape 2 LES HYPOTHÈSES

Exprimez des hypothèses et imaginez les recherches ou expériences possibles pour les valider.

Étape 3 LES ACTIVITÉS D'INVESTIGATION

Effectuez les recherches nécessaires à la validation des hypothèses.

Étape 4 LA VALIDATION DES HYPOTHÈSES

Mettez en commun vos résultats. Validez l'hypothèse de l'étape 2 ou formulez-en une nouvelle.

Étape 5 LA CONCLUSION

Résumez les connaissances acquises au cours de la démarche.

LA DÉMARCHE EST ABOUTIE SI :

- ✓ *Le cycle de vie d'un smartphone est présenté.*
- ✓ *Les matériaux constituant un smartphone sont identifiés.*
- ✓ *Les possibilités de recyclage sont présentées.*

Je fais le bilan

TEST EXPRESS

1 Cochez la bonne réponse.

• L'impact énergétique d'un produit dépend uniquement de sa consommation électrique en fonctionnement.

☐ Vrai ☒ Faux

• Le tri consiste à séparer les déchets pour les orienter vers un traitement adapté.

☒ Vrai ☐ Faux

• Un produit ne pollue que lorsqu'il est en fonctionnement.

☐ Vrai ☒ Faux

• Les ressources en matière première peuvent être préservées grâce au recyclage.

☒ Vrai ☐ Faux

• Les matériaux plastiques issus du pétrole peuvent être recyclés à condition de les trier en fonction de leur nature.

☒ Vrai ☐ Faux

2 La méthanisation c'est :

☐ l'extraction d'un métal rare.

☒ la production de gaz par décomposition des déchets.

☐ l'exploitation d'un gisement terrestre de méthane.

3 Cochez parmi ces pictogrammes celui qui indique qu'un produit est recyclable.

☒  ☐ 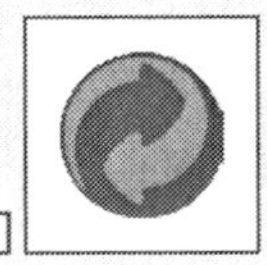 ☐ 

4 L'obsolescence c'est :

☐ lorsqu'un produit est fabriqué à partir d'essence raffinée.

☒ lorsqu'un utilisateur estime qu'un produit a atteint sa fin de vie.

☐ lorsqu'un matériau n'est pas recyclable.

À RETENIR

L'analyse du cycle de vie d'un produit permet de prévoir *son impact sur l'environnement de sa conception à sa fin de vie.*

Le recyclage d'un objet est *utile à la préservation des ressources naturelles et limite les déchets et les pollutions inutiles.*

Les trois impacts qu'un objet manufacturé peut avoir sur l'environnement sont

Émission de polluants.

Consommation d'énergie.

Épuisement des matières premières.

Corrigé de la démarche

Pistes à suivre pour cette démarche :

Étape 1 Le problème

On attend ici de l'élève qu'il relise la situation pour en extraire les principaux points lui permettant de présenter le problème avec ses propres mots. Pour être correcte, cette reformulation doit reprendre les termes associés à (au) :

- la notion de cycle de vie ;
- recyclage des matériaux en fonction de leur nature.

Étape 2 Les hypothèses

Le téléphone portable est constitué de matériaux très variés assemblés en petits éléments. On peut donc déjà supposer qu'il doit faire l'objet d'un circuit de collecte particulier et ne doit pas être jeté dans les bacs dédiés aux déchets ménagers ni même ceux dédiés aux recyclages ménagers. Il faut rechercher les matériaux constituant les téléphones portables qui doivent être recyclables ou valorisables : métaux, plastiques, cartes électroniques. Certains matériaux font peut-être l'objet d'une réglementation spécifique : batteries. On cherchera notamment les proportions précises de chaque matériau (comme à l'exercice 4).

Étapes 3 et 4

Travaux de l'élève.

Étape 5 La conclusion

Cette démarche d'investigation a permis :

- d'établir la nécessité d'un circuit de collecte dédié à certains appareils ;
- d'établir la nécessité de réfléchir dès la conception d'un produit à son cycle de vie et notamment à son recyclage ;
- d'identifier les matériaux constitutifs d'un appareil et leur caractère recyclable ;
- d'appréhender l'impact d'un produit manufacturé sur l'environnement de sa conception à sa destruction.

Éléments de correction (Source www.ecosystem.eco/) :

- Métaux non ferreux : 12,1 %
- Métaux ferreux : 13,6 %
- Plastiques : 48,9 %
- Cartes électroniques (métaux et plastiques) : 16,1 %
- Autres (mousses, caoutchouc, écrans…) : 5,4 %
- Substances réglementées (batteries) : 3,9 %

11 Comment et pourquoi l'arrosage a-t-il évolué ?

Compétences utiles pour résoudre cette problématique

- **CT 4.1** - Regrouper des objets en familles et lignées.
- **CT 7.2** - Relier les évolutions technologiques aux inventions et innovations qui marquent des ruptures dans les solutions techniques.

J'analyse des situations

Doc. 1

Doc. 2

Doc. 3

Doc. 4

1 Quelle est la particularité des solutions du Doc. 3 et du Doc. 4 ?

Elles fonctionnent sans l'intervention de l'homme.

2 Énoncez au moins trois critères de comparaison des solutions d'arrosage ci-dessus.

- automatique ou manuelle
- quantité d'eau
- précision de la zone arrosée.

1 L'innovation

❑ CT 7.2

Définitions

- Une **invention** est une nouvelle technique ou un nouveau matériau issu éventuellement d'une découverte scientifique.
- Une **innovation** est la mise au point ou l'amélioration d'un objet technique exploitant une invention.

1 Les images ci-dessous présentent trois innovations et trois inventions. Entourez, pour chacune, s'il s'agit d'une invention ou d'une innovation.

2 Reliez chaque innovation à l'invention sans laquelle elle n'existerait pas.

a) Premier moteur électrique de Thomas Davenport en 1834, breveté en 1837 :

Invention / Innovation

b) Marcian Hoff met au point le premier micro-processeur en 1969 :

Invention / Innovation

c) Premiers prototypes du disque Blu-ray sorti au Japon en 2003 :

Invention / Innovation

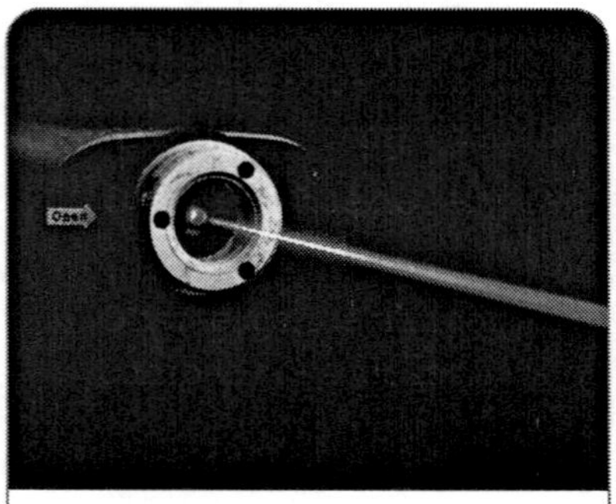

d) Theodore Maiman met au point le premier laser en 1960 :

Invention / Innovation

e) Voiture Renault Zoe, véhicule électrique la plus vendue en France :

Invention / Innovation

f) Gameboy®, première console de jeu portable avec jeux interchangeables en 1989 :

Invention / Innovation

2 Les objets mécanisés, automatisés ou connectés ❑ CT 7.2

Les objets techniques a), b), c) et d) suivants appartiennent à une même famille d'objets définie par une même fonction d'usage : faire voler un aéromodèle.

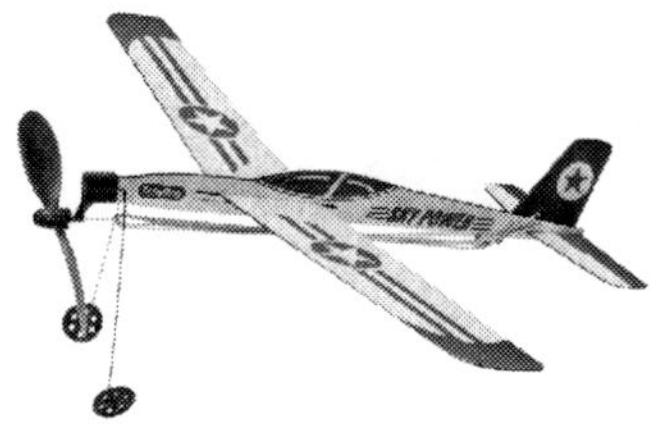

a) Avion en bois avec moteur à élastique.

b) Drône programmable avec vision immersive et microcontrôleur pour stabiliser le vol.

c) Planeur en bois à lancer.

d) Avion en bois avec moteur thermique et radiocommande.

Complétez le tableau avec les lettres a), b), c), d). Un même objet peut figurer dans plusieurs cases :

Objet non mécanisé : fonctionne directement à l'énergie musculaire.	**Objet mécanisé :** fonctionne grâce à une transformation d'énergie musculaire ou avec source d'énergie.	**Objet automatisé :** fonctionne de façon autonome.	**Objet connecté :** fonctionne de façon autonome et en partageant des informations avec un smartphone, tablette…
c	a, b, d	b, d	b

3 Les fonctions d'usage, les familles d'objets, les lignées d'objets ❑ CT 4.1

1 **Quelle est la fonction d'usage de la famille d'objet ci-dessous?**

Se déplacer en étant porté.

2 **Quels objets de cette famille utilisent l'énergie électrique ?**

La trottinette, le gyropode.

3 **Entourez ceux qui appartiennent à une même lignée (évolution chronologique d'un même objet).**

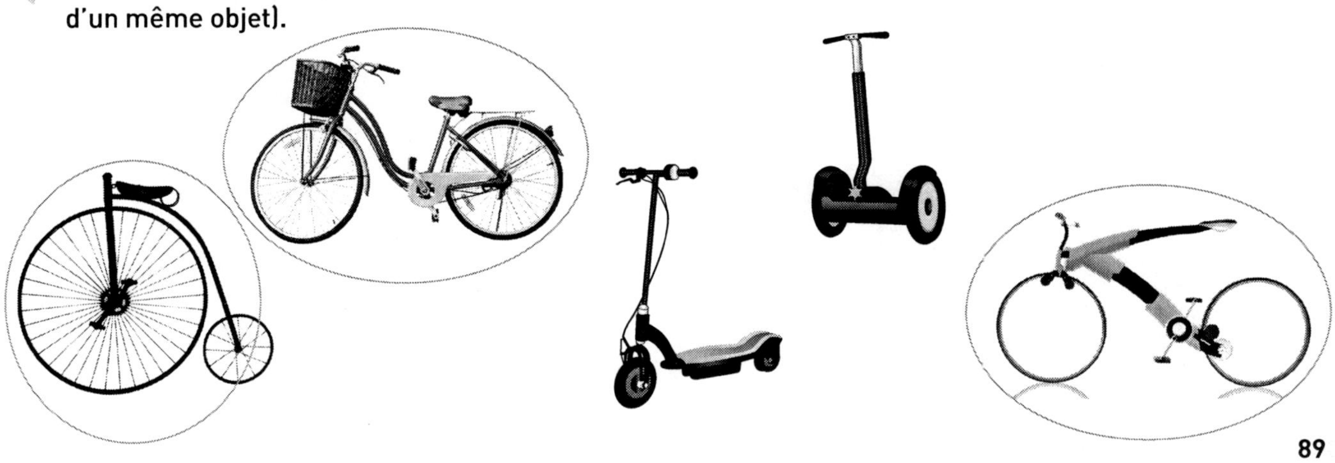

4 De la découverte scientifique à l'innovation dans un contexte historique et social

❑ CT 7.2

Lisez attentivement le document suivant et répondez aux questions.

La découverte du rayonnement infrarouge est attribuée à William Herschel en 1800. Il utilisa le terme de « chaleur radiante » pour désigner cette chaleur ressentie à distance. Le terme « infrarouge » (infra signifie « en dessous » en latin) n'est apparu que dans les années 1880. Au début du vingtième siècle, des scientifiques décrivent la manière dont sont transmises les ondes infrarouges. En 1911, Charles R. Darling élabore le principe des thermomètres infrarouges. Les premiers thermomètres infrarouges apparaissent dans les années 1930 grâce aux progrès de l'électronique. Ces thermomètres peuvent mesurer la température d'un corps sans contact et avec une grande précision.

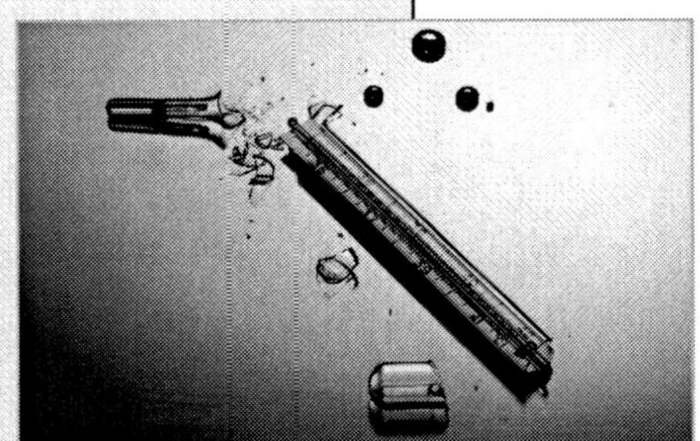

La mesure de la température corporelle a longtemps été réalisée à l'aide de thermomètres à mercure. Peu couteux, précis et facile d'utilisation, il était le plus utilisé en milieu hospitalier. Mais dans les années 1990, la toxicité du mercure a été mise en évidence : s'il se brise, l'inhalation de ses vapeurs provoque de graves dangers pour la santé. On estime que sa durée de vie en milieu hospitalier est d'un mois et que cinq millions de thermomètres pouvaient être cassés chaque année, générant une pollution considérable. Le thermomètre à mercure est par conséquent interdit à la vente en France depuis le 1er mars 1999. Il a été remplacé par le thermomètre infrarouge qui est devenu la solution la plus répandue en milieu hospitalier et domestique.

1. Soulignez en bleu dans le texte, les découvertes scientifiques qui ont permis de mettre en évidence le rayonnement infrarouge.

2. Soulignez en rouge, les progrès scientifique et technique qui ont permis le développement des thermomètres infrarouges.

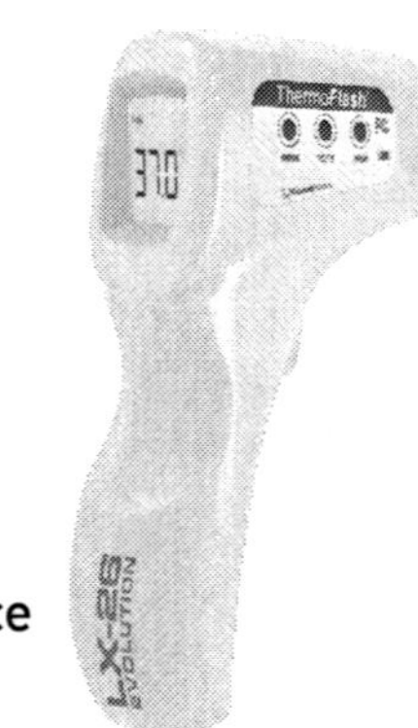

3. Soulignez en vert les éléments du contexte social, environnemental et économique qui ont conduit à faire du thermomètre infrarouge le thermomètre le plus répandu en France.

4. Replacez, sur la frise ci-dessous, les évènements que vous avez mis en évidence en précisant les dates clés.

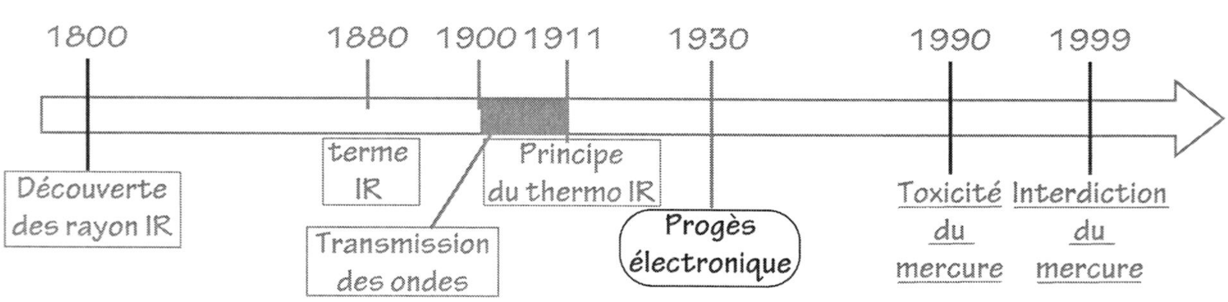

J'applique une démarche d'investigation

La situation

Comment et pourquoi l'arrosage a-t-il évolué ?

Le besoin en eau des cultures agricoles n'est pas toujours assuré par la pluie et l'homme a depuis longtemps cherché à irriguer ses cultures de manière artificielle.

L'objectif est de retracer la lignée des systèmes d'arrosage agricole de leur apparition jusqu'aux systèmes contemporains.

Vous citerez les innovations et les inventions à la source des changements technologiques, ainsi que les contextes historique, technique et social qui peuvent être liés. Vous déterminerez également la fonction de leurs solutions techniques (mécanisé, non mécanisé, automatisé, connecté).

LA DÉMARCHE

Étape 1 LE PROBLÈME

Reformulez le problème posé.

Corrigé voir page suivante.

Étape 2 LES HYPOTHÈSES

Exprimez des hypothèses et imaginez les recherches ou expériences possibles pour les valider.

Étape 3 LES ACTIVITÉS D'INVESTIGATION

Effectuez les recherches ou les expériences nécessaires.

Étape 4 LA VALIDATION DES HYPOTHÈSES

Mettez en commun vos résultats. Validez l'hypothèse de l'étape 2 ou formulez-en une nouvelle.

Étape 5 LA CONCLUSION

Résumez les connaissances acquises au cours de la démarche.

LA DÉMARCHE EST ABOUTIE SI :

- ✓ *Le résultat de vos travaux d'investigation est résumé sur une frise.*
- ✓ *Les progrès techniques, les innovations, les contextes économiques et écologiques apparaîssent sur la frise.*
- ✓ *Les étapes non mécanisée, mécanisée, automatisée (connectée) sont données.*

Je fais le bilan

TEST EXPRESS

1 Une innovation c'est :

☐ la découverte d'un phénomène physique nouveau.

☐ l'invention d'une nouvelle technique.

☒ la mise au point ou l'évolution d'un objet technique exploitant des inventions.

2 Cochez la bonne réponse.

- Le succès commercial d'une innovation est lié au contexte économique et social.

  ☒ Vrai ☐ Faux

- Une famille d'objets définit des objets qui ont la même fonction d'usage.

  ☒ Vrai ☐ Faux

- Une lignée d'objets décrit l'évolution d'une solution technique au fil du temps.

  ☒ Vrai ☐ Faux

- Une découverte scientifique engendre immédiatement une innovation.

  ☐ Vrai ☒ Faux

3 Qu'est-ce qu'une fonction d'usage ?

☐ Une fonction permettant de réduire l'usure du produit.

☒ Une fonction principale attendue par l'usager du produit.

☒ Une fonction qui permet de regrouper les objets en familles.

4 Reliez chaque solution à sa définition :

Objet mécanisé	Objet qui fonctionne de façon autonome.
Objet automatisé	Objet qui utilise directement l'énergie musculaire.
Objet non mécanisé	Objet qui transforme l'énergie musculaire ou une autre source d'énergie.

(Objet mécanisé — Objet qui transforme l'énergie musculaire ou une autre source d'énergie ; Objet automatisé — Objet qui fonctionne de façon autonome ; Objet non mécanisé — Objet qui utilise directement l'énergie musculaire.)

À RETENIR

On peut représenter l'évolution des objets techniques dans le temps à l'aide d'un graphique appelé *frise chronologique.*

La différence entre un objet mécanisé et non mécanisé est *dans la transformation de l'énergie. Un objet non mécanisé utilise directement l'énergie (musculaire) sans transformation.*

Une famille d'objets est un ensemble d'objets techniques qui *remplissent la même fonction d'usage.*

Une lignée d'objets c'est *une famille d'objet utilisant une même solution technique (qui peut avoir évoluée dans le temps).*

Corrigé de la démarche

Étape 1 Le problème

On attend ici de l'élève qu'il relise la situation pour en extraire les principaux points lui permettant de présenter le problème avec ses propres mots. Pour être correcte, cette reformulation doit reprendre les termes associés à :

– La notion de lignée et d'évolution technologique : innovation, invention.

– L'environnement au sens large, qu'il s'agisse du contexte sociologique, économique ou de la préservation de l'environnement.

Étape 2 Les hypothèses

On peut imaginer que l'arrosage a connu plusieurs grandes étapes liées aux contextes sociologiques et technologiques que l'on peut lister avant d'effectuer les recherches :

• Apparition de l'agriculture (Egypte et Mésopotamie) : détournement ou exploitation des cours d'eau. On parle alors d'irrigation (canaux ou systèmes mécaniques à roues, à vis d'Archimède...)

• Progrès technologiques liés essentiellement au vingtième siècle : arrosage mécanisé grâce aux systèmes de pompage (énergies électriques et thermiques) et de château d'eau. Puis, apparition des systèmes automatisés.

• Vingt et unième siècle : prise de conscience de la nécessité de préserver les ressources en eau potable en optimisant les arrosages automatiques et en créant des systèmes connectés, en utilisant des eaux usées pour l'agriculture, l'arrosage goutte à goutte, etc.

Étapes 3 et 4

Travaux de l'élève.

Étape 5 La conclusion

Cette démarche d'investigation a permis :

• De distinguer les solutions techniques répondant à un même besoin en fonction de leur nature : mécanisé, non mécanisé, automatisé, connecté.

• D'établir les relations entre les évolutions technologiques d'une même lignée et le contexte socio-économique.

• De comprendre comment la préservation de l'environnement peut guider l'évolution des solutions techniques.

Vers Pix

Information et données

1. Mener une recherche et une veille d'information

Prénom : .... Date : ....

Nom : .... Classe : ....

Faites le point sur vos connaissances en répondant aux questions suivantes.

1 Parmi les sites Internet suivants, quels sont ceux qui relaient *a priori* des informations vérifiées ? ...... / 2 points

☐ www.actualite.co ☒ www.ouest-france.fr
☐ www.raleursactuels.com ☒ www.francetvinfo.fr

2 Citez trois navigateurs web : ...... / 1 point

1. Firefox
2. Chrome
3. Safari

3 Entourez l'icône qui permet de vérifier, sur le réseau social Facebook, l'authenticité d'un compte. ...... / 2 points

4 Citez l'un des outils disponibles pour vérifier l'authenticité d'une photographie trouvée sur Internet. ...... / 1 point

....TinEye.................................

5 Au début de certains articles publiés sur Wikipédia, on peut lire ce message : « Cette section ou cet article est une traduction incomplète. Vous pouvez modifier la page pour effectuer la traduction. » À qui s'adresse ce message ? ...... / 2 points

☐ Aux professeurs. ☒ Aux internautes volontaires. ☐ À ceux qui financent Wikipédia.

6 Observez la page Internet ci-dessous. Dans quelle zone faut-il cliquer pour s'abonner à des lettres d'information ? ☐ A ☐ B ☐ C ☒ D ...... / 2 points

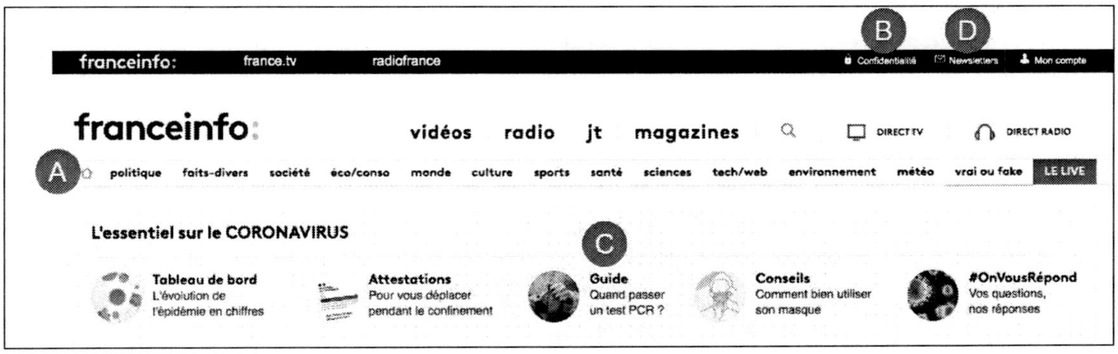

7 **Observez la capture d'écran ci-dessous. Il s'agit des deux premiers résultats qui apparaissent pour la recherche : « air france ». Que peut-on dire ? Cochez la ou les bonnes réponses.**

...... / 3 points

- ☐ Le lien 1 permet de trouver plus de vols d'avion commerciaux.
- ☒ Le lien 1 apparaît car il y a un accord commercial avec le moteur de recherche.
- ☐ Le lien 2 permet d'accéder à un autre site que le lien 1.
- ☒ Le lien 2 est proposé par le moteur de recherche, sans qu'il y ait un accord commercial.

8 **Comment appelle-t-on une information mensongère, diffusée dans le but de manipuler ou de tromper le public ?**

...... / 2 points

Une fake news..

9 **Un élève cherche le drapeau espagnol sur Internet. Qu'aurait-il dû faire pour le trouver plus rapidement ?**

...... / 3 points

- ☒ Ajouter le mot-clé « Espagne » dans la zone 1.
- ☐ Aller sur le site du lien 2, et rechercher sur ce site le drapeau de l'Espagne.
- ☐ Cliquer sur l'image 3 pour rechercher le drapeau de l'Espagne.

10 **Quel mot utilise-t-on dans un code HTML pour ne pas référencer une page d'un site Internet ?**

...... / 2 points

☐ noreference ☒ noindex ☐ nointernet

Calculez votre score : .... / 20

Entraînez-vous encore !

C'est bien, vous progressez !

Bravo, vous êtes au point !

Pour continuer l'entraînement, rendez-vous sur **Pix.fr** !

Vers **Pix**

Information et données

2. Gérer des données

Prénom : ....

Date : ....

Nom : ....

Classe : ....

Faites le point sur vos connaissances en répondant aux questions suivantes.

1 Observez la capture d'écran ci-dessous et répondez aux questions suivantes.

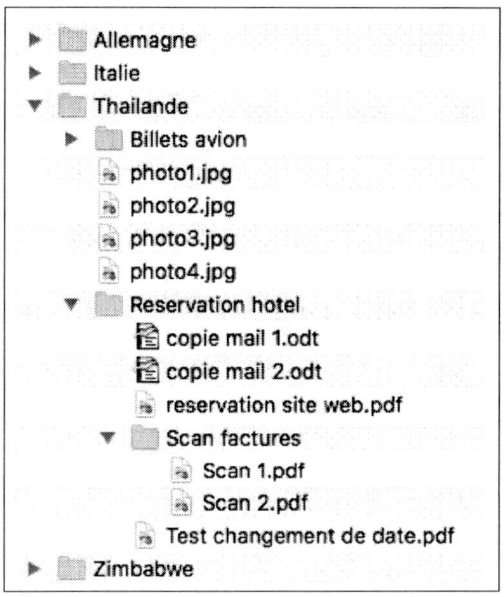

a. Le chemin d'accès de la photo 1 est « Thailande / Billets avion / photo1.jpg ». Quel est le chemin d'accès du fichier « Scan 1.pdf » ? ...... / 2 points

« Thailande / Reservation hotel / Scan factures / Scan 1.pdf »

b. Quel est le chemin d'accès du fichier « Test changement de date.pdf » ? ...... / 2 points

« Thailande / Reservation hotel / Test changement de date.pdf »

2 **En informatique, il n'est pas possible de créer un dossier dans un dossier.** ...... / 2 points

- ☐ C'est vrai : quand on répertorie les fichiers, on ne peut créer qu'un seul dossier hiérarchique.
- ☒ C'est faux : on peut créer autant de dossiers qu'on le souhaite dans un dossier.
- ☐ C'est faux : on peut créer un dossier dans un dossier, par contre on est limité à 8 (soit un octet) sous-dossiers.

3 **Observez la capture d'écran ci-dessous. Indiquez par une flèche le mouvement de la souris à effectuer pour supprimer le document Word intitulé « Rapport » ?** ...... / 2 points

- ☐ E vers C
- ☒ C vers A
- ☐ A vers C
- ☐ C vers B
- ☐ C vers E

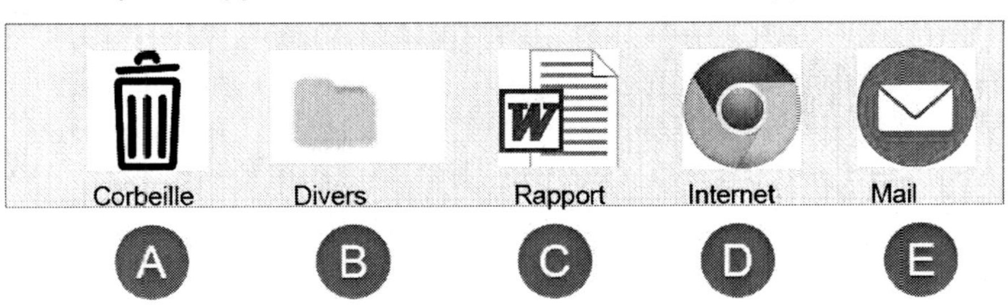

4 **Vous cherchez à acheter un disque dur externe. Quel est le support de stockage qui permet de stocker le plus grand nombre de données ?** ...... / 2 points

- ☒ Celui qui a une taille de 32 Go.
- ☐ Celui qui a une taille de 64 Ko.
- ☐ Celui qui a une taille de 128 Mo.
- ☐ Celui qui a une taille de 128 Ko.

5 **Que représente cette icône ?** ...... / 2 points

☒ Un dossier compressé ☐ Un dossier caché ☐ Un dossier privé

6 **La fenêtre d'affichage ci-dessous apparaît lorsqu'on consulte les propriétés d'un document. Quelle est la taille de ce fichier ?** ...... / 2 points

☒ 156 Ko
☐ 10:14
☐ 1.4
☐ 3
☐ 595 x 892

Type :	Document PDF
Place sur disque :	156 Ko
Emplacements :	Mes Documents
Créé :	Lundi 11 janvier 2021 10:14
Modifié :	Lundi 11 janvier 2021 10:14
Auteurs :	Mathilde
Version :	1.4
Pages :	3
Résolution :	595x892
Créateur du contenu :	Writer
Logiciel d'encodage :	OpenOffice.org 2.2

7 **À quoi sert le menu « Ouvrir avec » qui apparaît quand on clique avec le bouton droit de la souris sur l'image « photo1.jpg » ?** ...... / 2 points

☐ À voir le code source de l'image.
☐ À l'ouvrir pour la lire et l'enregistrer aussitôt le logiciel de lecture d'image fermé.
☒ À ouvrir l'image avec un autre logiciel que celui qui sert par défaut pour lire les images.

Ouvrir
Ouvrir avec ▶
Placer dans la corbeille
Lire les informations
Renommer
Compresser « photo1.jpg »

8 **La fenêtre ci-dessous apparaît lorsqu'on cherche à enregistrer un document. Comment fait-on pour donner un nom à un fichier quand on l'enregistre ?** ...... / 2 points

☒ On renseigne le nom du fichier dans la zone 1.
☐ On renseigne le nom du fichier dans la zone 2.
☐ On fait un choix dans le menu déroulant 3.
☐ On coche le choix 4.

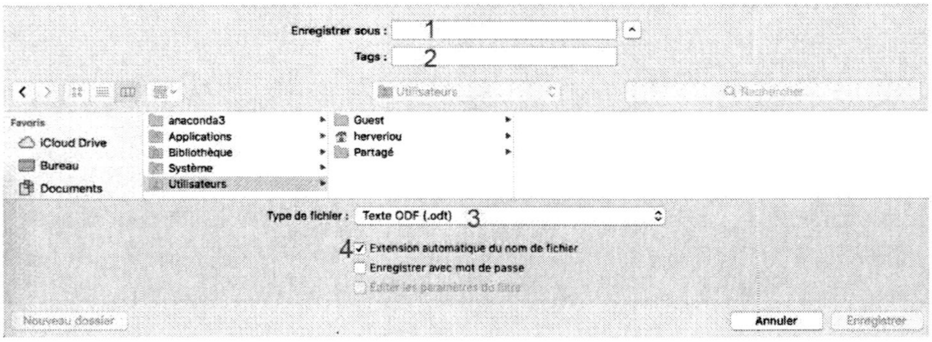

9 **Pour renommer un fichier, que doit-on faire ?** ...... / 2 points

☐ On doit conserver la première lettre du nom du fichier.
☒ On choisit le nouveau nom du fichier comme on le souhaite.
☐ On doit garder le même nombre de lettres dans le nouveau nom du fichier.
☐ L'ordinateur refusera car on ne peut pas modifier les fichiers .pdf.

Calculez votre score : .... / 20

Entraînez-vous encore !

C'est bien, vous progressez !

Bravo, vous êtes au point !

Pour continuer l'entraînement, rendez-vous sur **Pix.fr** !

Vers Pix — Information et données

3. Traiter des données

Prénom : ....

Date : ....

Nom : ....

Classe : ....

Faites le point sur vos connaissances en répondant aux questions suivantes.

1 Si une cellule d'un tableur contient une date qui s'affiche avec le format surligné ci-dessous, verra-t-on l'année de la date écrite en entier ? ...... / 2 points

☐ Oui. ☒ Non.

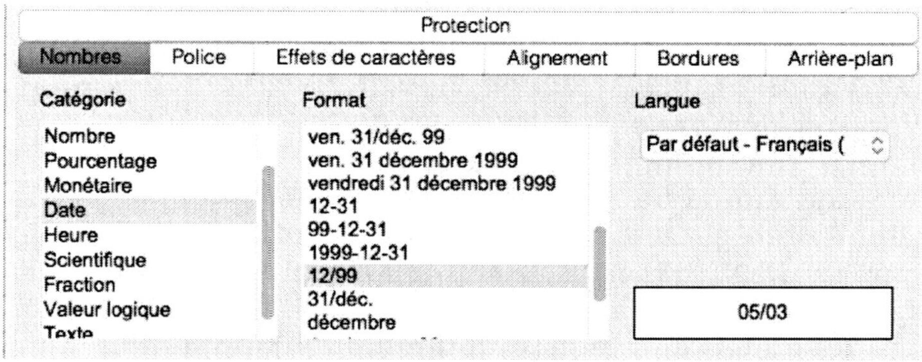

2 Observez ci-dessous le tableau de données qui indique des quantités de fruits et les graphiques proposés. Quel est le graphique qui correspond au tableau de fruits ? ...... / 3 points

☒ 1
☐ 2
☐ 3
☐ 4
☐ 5

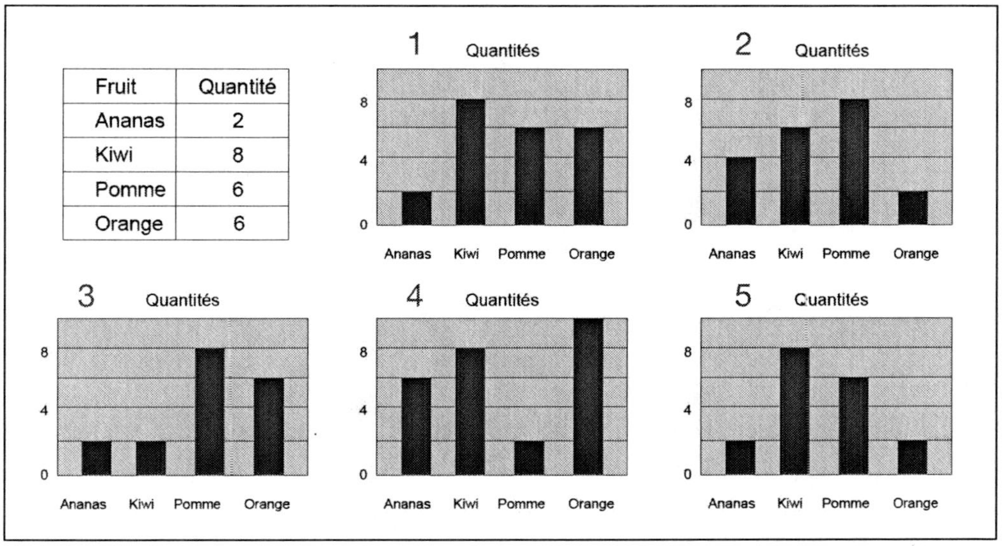

Fruit	Quantité
Ananas	2
Kiwi	8
Pomme	6
Orange	6

3 À quelle mise en forme correspond le format « Renvoi automatique à la ligne » ? Entourez le bon tableau. ...... / 3 points

1

La vie c'est comme une bicyclette		

2

La vie c'est		
	comme une	
		bicyclette

3

La vie c'est comme une bicyclette		

4 Chaque jour, des millions de données sont créées sur Internet à travers l'utilisation des emails, des informations renseignées par les utilisateurs, etc. Quelle expression utilise-t-on pour désigner cet ensemble de données ? ...... / 2 points

☐ Data center ☐ Giga Données ☒ Big Data ☐ Online Data ☐ Objets connectés

5 Entourez les trois cellules du tableau ci-dessous qui risquent de poser des problèmes lors d'un traitement automatique. ...... / 3 points

	A	B	C	D	F
1	**Prénom**	**Nom**	**Année naissance**	**Email**	**Code postal**
2	Tom	Ridah	1977	Tom.ridah@sfr.fr	78400
3	Judith	ALBERT	2008	juju@gmail.com	29170
4	Jean Jacques	DIEBNOSK	12/2001	jjd@hotmail.fr	14000
5	Jerôme	De Libold	2003	jdel@gmail.fr	75009
6	Anthony	Kervella	1995	akervella3[at]free.fr	75015
7	Mesrine	DUPONT	1942	MESMES4321@yahoo.com	300 400
8	Alice	ALBERT	2021	tatadunord@icloud.com	33900
9					

6 Quels formats de fichiers peut-on utiliser pour calculer automatiquement des grandeurs numériques dans un tableau ? ...... / 2 points

☐ .pdf ☒ .xlsx ☒ .ods ☐ .txt ☐ .rtf

7 Observez le menu déroulant ci-dessous. Quel type de graphique faut-il sélectionner si on veut représenter des données sous la forme d'un diagramme « en camembert » ? ...... / 2 points

Le numéro 3 : Secteur

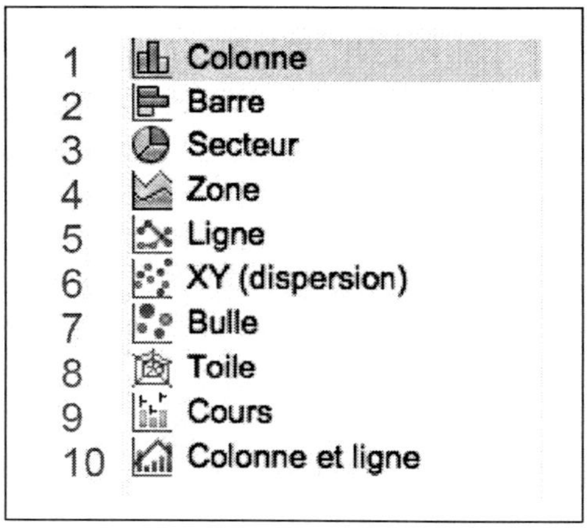

8 Quelle formule peut-on indiquer dans la cellule A3 d'un tableur si on souhaite y calculer la somme des nombres présents dans les cellules A1 et B4 ? ...... / 3 points

☐ « A1 + B4 » ☐ « +A1 + B4 » ☒ « = A1 + B4 »
☒ « = B4 + A1 » ☐ « B4 + A1 » ☐ « somme(A1,B4) »

Calculez votre score : .... / 20

Entraînez-vous encore !

C'est bien, vous progressez !

Bravo, vous êtes au point !

Pour continuer l'entraînement, rendez-vous sur **Pix.fr** !

Vers Pix

Communication et collaboration

4. Interagir

Prénom : ....

Date : ....

Nom : ....

Classe : ....

Faites le point sur vos connaissances en répondant aux questions suivantes.

1 **Citez deux applications de messagerie instantanée :** ...... / 2 points

1. Whatsapp..

2. Messenger..

2 **Citez un fournisseur d'adresses email :** ...... / 1 point

....Free, Laposte, Gmail, Icloud , Hotmail...

3 **Comment nomme-t-on sur Internet la règle spécifique de bonne conduite et de politesse quand on écrit un email ?** ...... / 2 points

☒ La netiquette. ☐ La politesse. ☐ La bonne conduite. ☐ La cordialité.

4 **Quand on transfère un email, les destinataires initiaux sont automatiquement mis en copie.** ...... / 2 points

☐ Vrai. ☒ Faux.

5 **Quand on sélectionne « Répondre à tous » pour répondre à un email :** ...... / 2 points

☐ seule la personne à l'origine de l'email initial et le destinataire sont automatiquement destinataires du nouvel email.

☒ tous les destinataires de l'email initial sont automatiquement destinataires du nouvel email.

☐ toutes les personnes du carnet d'adresses du destinataire initial vont recevoir le nouvel email.

6 **Observez l'email ci-dessous. Cochez la ou les réponses possibes. Si on envoie cet email :** ...... / 2 points

☒ Anthony verra que Linda est la destinataire du message.

☐ Anthony verra que Smaine est le destinataire du message.

☐ Linda verra que Smaine est le destinataire du message.

☒ Smaine verra que Linda est la destinataire du message.

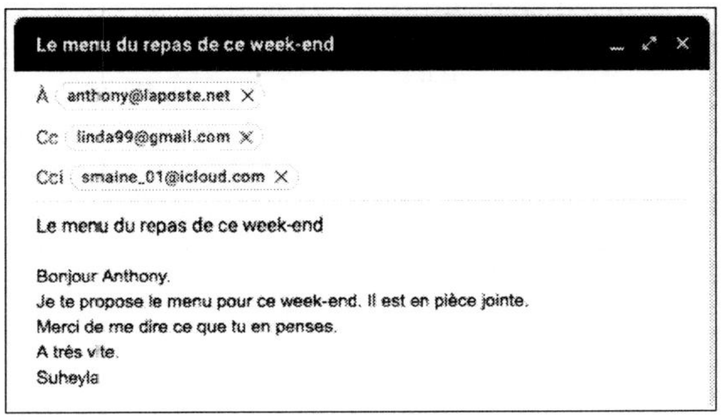
Le menu du repas de ce week-end

À anthony@laposte.net

Cc linda99@gmail.com

Cci smaine_01@icloud.com

Le menu du repas de ce week-end

Bonjour Anthony.
Je te propose le menu pour ce week-end. Il est en pièce jointe.
Merci de me dire ce que tu en penses.
A très vite.
Suheyla

7 Qu'est-ce qui permet, dans un email, de faire un smiley qui fait un clin d'œil ?

...... / 1 point

☐ ;; ☐ :-(☐ [] ☒ ;-)

8 Observez l'email ci-dessous. Où faut-il cliquer pour trouver l'option permettant de transférer ce message à une autre personne ?

...... / 2 points

☐ A
☐ B
☐ C
☒ D

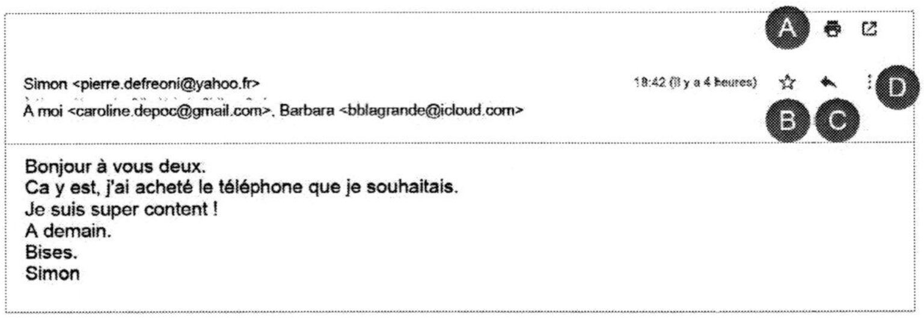

9 Dans la boîte de réception ci-dessous, entourez l'email qui n'a pas encore été lu.

...... / 2 points

☐	De	Objet	Date
☐	Patrice	Cours de demain	Jeudi 21h45
☐	**Louis**	**Expérience**	**Jeudi 20h417**
☐	Valerie	Trouvé crayon	Jeudi 17h21
☐	Association CY	Ouverture piscine	Jeudi 11h07
☐	Natacha	Musique à écouter	Mardi 12h02

10 Sur la messagerie Whatsapp, sur quel bouton peut-on appuyer pour insérer une photo qui a été prise ?

...... / 2 points

☒ A
☐ B
☒ C
☐ D

11 Sur cet écran de smartphone, sur quel bouton doit-on appuyer pour envoyer un message vocal ?

...... / 2 points

☒ A
☐ B
☐ C
☐ D

Calculez votre score : .... / 20

Entraînez-vous encore !

C'est bien, vous progressez !

Bravo, vous êtes au point !

Pour continuer l'entraînement, rendez-vous sur **Pix.fr** !

Vers Pix

Communication et collaboration

5. Partager et publier

Prénom : .... Date : ....

Nom : .... Classe : ....

Faites le point sur vos connaissances en répondant aux questions suivantes.

1 **Sur un espace de stockage en ligne, où faut-il cliquer pour ajouter du contenu ?** ...... / 2 points

☐ 1
☐ 2
☒ 3
☐ 4

1 Déplacer
2 Transférer des fichiers
3 Nouveau dossier
4 Afficher les fichiers supprimés

2 **Qui peut voir la photo que Judith a postée sur son blog ?** ...... / 4 points

☐ Judith uniquement.
☐ Seuls les amis de Judith.
☐ Seules les personnes qui ont un compte sur son blog.
☒ Tout le monde.

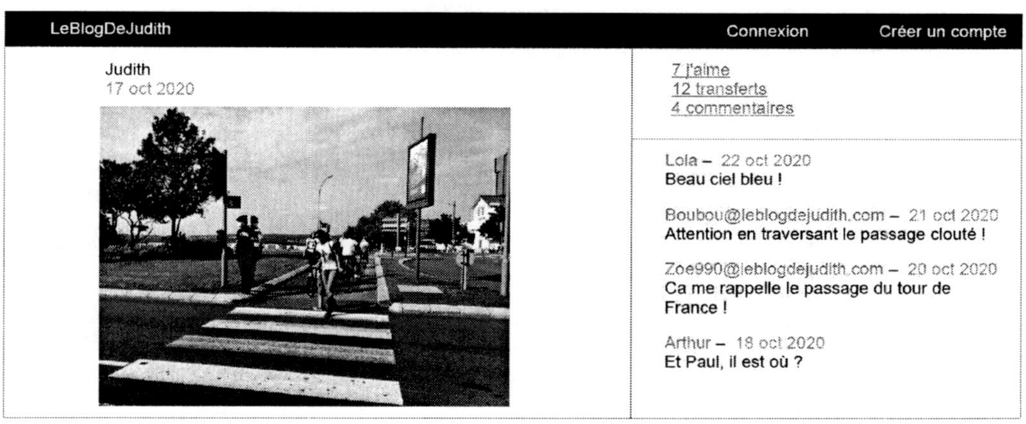

3 **Citez deux noms de services qui permettent de stocker en ligne des documents :** ...... / 2 points

1. Dropbox / Icloud

2. Google Drive

4 **Que faut-il faire pour pouvoir retweeter un tweet en y ajoutant un commentaire personnel ?** ...... / 3 points

☐ Cliquer sur le nom de celui qui a rédigé le tweet initial.
☐ Cliquer sur le 1.
☒ Cliquer sur le 2.
☐ Sélectionner « Annuler », car il faut utiliser une autre option non visible sur cet écran.

1 Retweeter
2 Citer le Tweet
Annuler

5 Combien de personnes ont retweeté ce tweet ?

...... / 4 points

☐ 1
☐ 3
☒ 9
☐ 29

6 Ces images de chiens ne sont pas libres de droits, contrairement à ce qu'on pourrait croire. Pourquoi ?

...... / 3 points

Elles sont sous des licences de protection Creative Commons. Il faut donc se renseigner pour savoir ce qu'on peut faire avec.

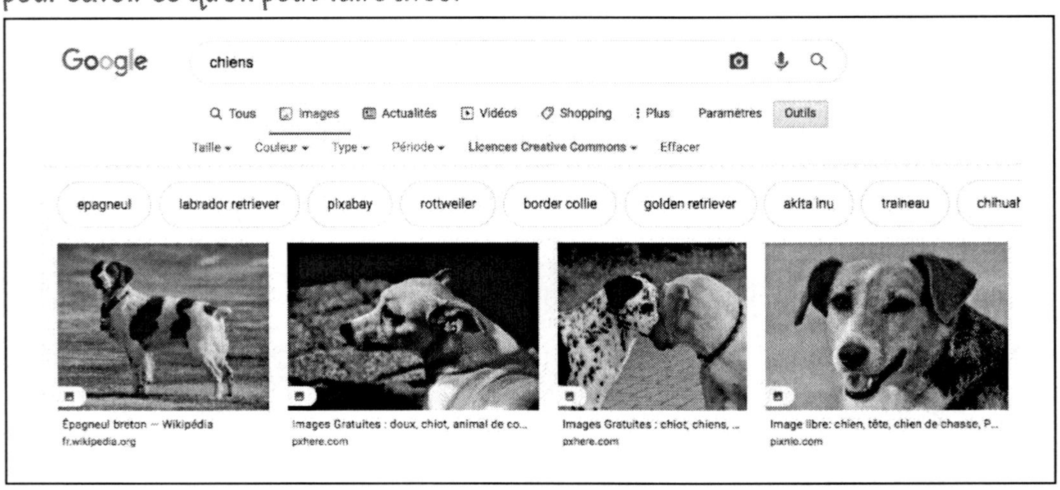

7 Comment appelle-t-on une personne qui dispose d'une notoriété sur une thématique spécifique et qui s'exprime sur cette thématique au travers du web et notamment des réseaux sociaux ?

...... / 2 points

☐ Un chief twitter. ☐ Un Facebooker. ☐ Un Youtuber. ☒ Un influenceur.

Calculez votre score : .... / 20

Entraînez-vous encore !

C'est bien, vous progressez !

Bravo, vous êtes au point !

Pour continuer l'entraînement, rendez-vous sur **Pix.fr** !

Vers **Pix**

Communication et collaboration

6. Collaborer

Prénom : .... Date : ....

Nom : .... Classe : ....

Faites le point sur vos connaissances en répondant aux questions suivantes.

1 Observez la capture d'écran ci-contre.

14:30 – 17:00 RÉUNION MEETING		
Titre	Réunion Meeting	
Description	Préparation de l'exposé	
Date	17 juin 2021 14:30 – 17:00	
Invités	Bernard	Refusé
	Sara	Accepté
	Charles	Accepté

Allez-vous participer ? Oui Non Peut-être

a. Combien de temps va durer la réunion ? ...... / 2 points

2h30..

b. Qui compte participer à la réunion pour le moment ? ...... / 2 points

Sara et Charles..

....

c. À la question « Allez-vous participer », sur quoi faut-il cliquer pour que son prénom soit affiché avec le statut « Accepté » ? ...... / 2 points

Il faut cliquer sur « Oui »..

2 Observez cet événement « Piscine » inscrit dans un agenda informatique et répondez aux questions suivantes.

20h45-21h45 Piscine

Titre: Piscine

Description: Cours de natation

Du : 1 septembre 2021 19:00

Au : 30 juin 2022 21:00

Périodicité — DÉSACTIVER

○ Quotidienne ◉ Hebdomadaire ○ Mensuelle ○ Annuelle

Répéter toutes les 1 semaines :

☐ Lundi ☐ Mardi ☐ Mercredi ☐ Dimanche ☑ Jeudi ☐ Vendredi ☐ Samedi

◉ Pas de date d'achèvement

○ Après 1 occurrences

○ Fin

a. De quel événement s'agit-il ? ...... / 2 points

D'un cours de natation..

b. L'événement dure 1 heure dans l'agenda : ...... / 1 point

☒ Vrai. ☐ Faux.

c. L'événement a lieu chaque jeudi de l'année 2021 : ...... / 1 point

☐ Vrai. ☒ Faux.

d. **L'événement se répète tous les jeudis, sur une période de 10 mois :** ...... / 1 point

☒ Vrai. ☐ Faux.

e. **L'événement a lieu tous les jours :** ...... / 1 point

☐ Vrai. ☒ Faux.

f. **L'événement n'apparaîtra pas dans le calendrier pendant les vacances scolaires :** ...... / 1 point

☐ Vrai. ☒ Faux.

g. **L'événement n'apparaîtra plus dans le calendrier à partir du 1er juillet 2022 :** ...... / 1 point

☒ Vrai. ☐ Faux.

3 **Observez le texte ci-dessous et répondez aux questions suivantes.**

Le football

Le ~~footbaal~~football est un sport qui se joue à plusieurs. L'objectif est de gagner en marquant le plus de buts. Pour marquer un but, il faut mettre le ballon dans la cage du gardien de l'équipe adverse.

a. Dans un logiciel de traitement de texte, à quelle fonction correspond cet affichage ? ...... / 2 points

☐ L'indexation des mots.
☐ La mise à jour des styles.
☒ Le mode de suivi des modifications.
☐ La correction automatique.

b. Que se passe-t-il si on refuse la première modification ? ...... / 2 points

☐ Un lien hypertexte est affiché sur le mot « footbaal »
☐ Le fichier est effacé.
☐ Le mot football sera écrit en rouge.
☒ Le texte contiendra une faute d'orthographe.

4 **Observez le texte ci-dessous. Comment appelle-t-on la zone rouge située à droite de ce texte ?** ...... / 2 points

☐ Un dessin ☒ Un commentaire
☐ Une modification ☐ Un suivi des changements

Lucien lui répondit :
- Oui ma chère Maman.
Dans la foulée, elle se mit à faire une bonne soupe, avec des potirons et des pommes de terre, comme il l'a toujours aimé.
- Ça va être un délice ! S'écria-t-il.
Elle lui dit :
- Comme toujours ! C'est la recette de ta grand mère.
Oui, définitivement, il adorait cette recette. Elle lui rappelait son enfance, quand sa grand mère lui cuisinait des plats quand il était en vacances chez lui.
Tendre souvenir de son enfance.

Commenté [FZ] : Changer d'expression

Commenté [HR] : « Elle » plutôt ?

Calculez votre score : .... / 20

Entraînez-vous encore !

C'est bien, vous progressez !

Bravo, vous êtes au point !

Pour continuer l'entraînement, rendez-vous sur **Pix.fr** !

Vers **Pix**

Communication et collaboration

7. S'insérer dans le monde numérique

Prénom : ....

Date : ....

Nom : ....

Classe : ....

Faites le point sur vos connaissances en répondant aux questions suivantes.

1 Qu'est-ce que l'identité numérique ? ...... / 1 point

☒ L'ensemble des informations présentes sur Internet associées à une personne.
☐ Le mot de passe qui protège un compte numérique.
☐ La photo et le profil d'une personne sur les réseaux sociaux.
☐ La version numérique du passeport.

2 Parmi les deux adresses email proposées ci-dessous :

- Adresse A : jeanne.marchand@free.fr
- Adresse B : jeanne_mama12@icloud.com

a. Quelle adresse est-il préférable d'utiliser pour s'inscrire à l'université ? ...... / 1 point

jeanne.marchand@free.fr

b. Quelle adresse est-il préférable d'utiliser pour jouer à des jeux en ligne ? ...... / 1 point

jeanne_mama12@icloud.com

c. Quelle adresse est-il préférable d'utiliser pour faire une démarche administrative ? ...... / 1 point

jeanne.marchand@free.fr

3 Comment peut-on traduire le terme anglais *crowdfunding* en français ? ...... / 1 point

☐ « Nourriture de type Crowd ».
☒ « Financement participatif ».
☐ « Bien-être financier ».
☐ « Financement d'un projet à plusieurs ».

4 Les applications ci-dessous (1re colonne) appartiennent toutes à des entreprises du GAFAM (2e colonne). Reliez les applications aux entreprises auxquelles elles appartiennent. ...... / 2 points

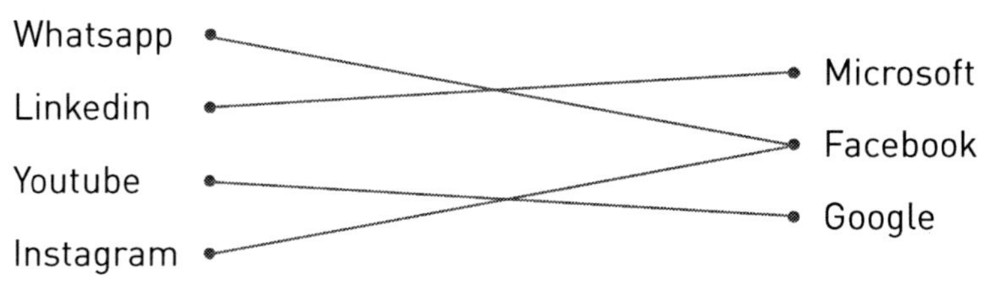

5 Quelle plateforme en ligne peut-on utiliser pour faire facilement la promotion d'un concert de musique ? ...... / 2 points

☐ Linkedin ☐ Google Maps ☐ Microsoft Edge ☒ Facebook

6 **Comment appelle-t-on le fait de remplacer des supports d'information matériels par des fichiers informatiques et des ordinateurs ?** ...... / 1 point

La dématérialisation ....

7 **Que peut-on conseiller de faire à un ami qui souhaite fabriquer un toboggan ?** ...... / 2 points

- ☒ Regarder un tutoriel vidéo expliquant comment le faire.
- ☐ Mettre un message sur Facebook pour faire appel à un professionnel.
- ☐ S'inscrire à une formation payante, sur Internet, pour apprendre à le faire.

8 **Parmi les actions suivantes, lesquelles sont généralement tolérées dans la charte informatique d'un collège ? Cochez la ou les réponses possibles.** ...... / 2 points

- ☐ Fournir son identifiant et son mot de passe à un ami, pour le dépanner quelques minutes.
- ☒ Utiliser l'ordinateur d'un camarade, avec ses propres identifiant et mot de passe.
- ☐ Télécharger des films, mais uniquement sur une clé USB.
- ☒ S'absenter quelques minutes de son poste de travail, après l'avoir verrouillé.

9 **Reliez chaque site Internet à la manière dont il s'est organisé pour gagner de l'argent.** ...... / 2 points

Facebook •	• Abonnement payant
Netflix •	• Freemium
Spotify •	• Don
Wikipédia •	• Publicité

10 **Comment s'appelle la possibilité de déverrouiller son téléphone à partir de l'image de son visage ?** ...... / 1 point

☐ Face Unlock ☒ Reconnaissance faciale ☐ E-visage ☐ Touch ID

11 **Peut-on supprimer un tweet émis il y a un an et demi ?** ...... / 1 point

☒ Oui ☐ Non, un tweet émis ne peut jamais s'effacer.
☐ Pas besoin de le faire, car les tweets sont automatiquement effacés au bout d'un an.

12 **En supposant qu'un restaurant soit présent sur ces quatre applications, quel service Internet est-il préférable d'utiliser en fonction de l'objectif recherché. Reliez l'objectif recherché à l'application qui lui correspond.** ...... / 2 points

Pour suivre l'actualité du restaurant ? •	• La Fourchette
Pour avoir des avis sur les plats ? •	• TripAdvisor
Pour le localiser géographiquement ? •	• Google Maps
Pour faire une réservation ? •	• Facebook

Calculez votre score : .... / 20

Entraînez-vous encore !

C'est bien, vous progressez !

Bravo, vous êtes au point !

Pour continuer l'entraînement, rendez-vous sur **Pix.fr** !

Vers Pix

Création de contenu

8. Développer des documents textuels

Prénom : .... Date : ....

Nom : .... Classe : ....

Faites le point sur vos connaissances en répondant aux questions suivantes.

1 Citez le nom d'un logiciel qui permet de réaliser des présentations destinées à être utilisées sous forme de diaporama. Micrsoft Powerpoint / LibreOffice Impress... ...... / 2 points

2 Observez le diaporama ci-dessous et répondez aux questions suivantes.

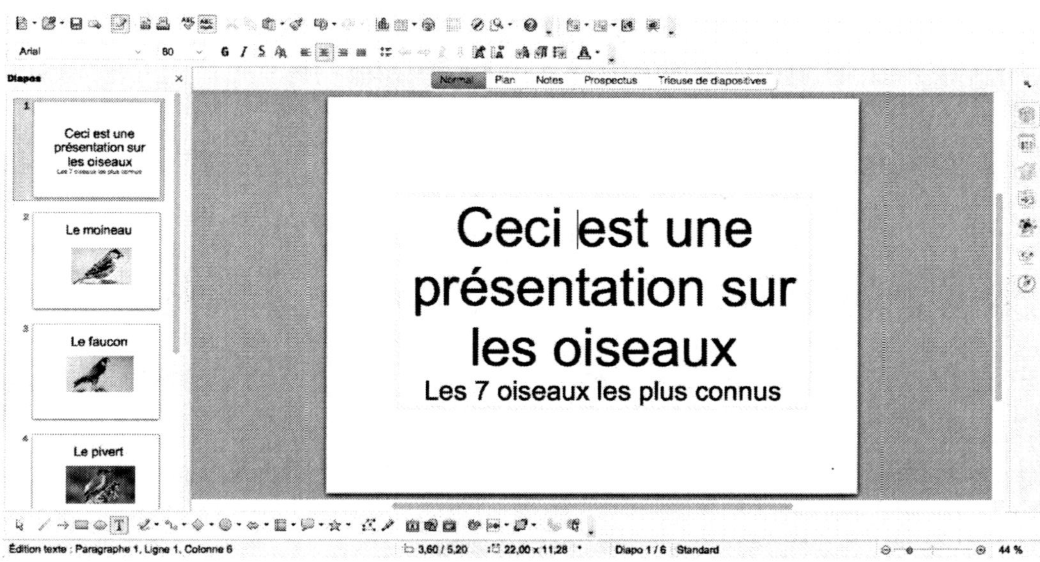

a. Combien de diapositives comporte cette présentation ? ...... / 2 points

☐ 1 ☐ 4 ☒ 6 ☐ 7 ☐ 8 ☐ 44 ☐ 80

b. Quel oiseau figure sur la diapositive n° 3 ? Le faucon.. ...... / 1 point

c. Que signifie le terme « Arial » présent sur cette image ? ...... / 2 points

C'est la police d'écriture de la phrase dans laquelle est positionnée le curseur......

d. Que signifie le nombre « 80 » présent sur cette image ? ...... / 1 point

C'est la taille de la police d'écriture où est situé le curseur......................................

3 Pour centrer un mot correctement au milieu d'une page : ...... / 2 points

☐ il suffit de mettre des espaces avant le mot pour le déplacer au centre de la page.
☐ il suffit de choisir une taille de police qui permet de le centrer.
☒ il suffit d'utiliser la fonction qui permet de centrer le texte.

4 Quand on insère une nouvelle diapositive, il y a forcément une zone de titre qui apparaît. ...... / 2 points

☐ Oui, car il faut toujours mettre un titre sur une diapositive.
☒ Non, on peut choisir d'insérer une diapositive dont le style ne contient pas de titre.
☐ Non, car il n'y a jamais de titre dans une diapositive.

5 **Observez la copie d'écran ci-dessous et répondez aux questions suivantes.**

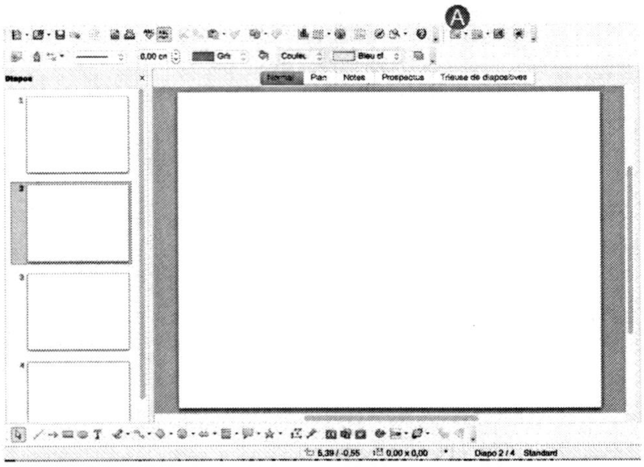

a. À quel numéro de diapositive correspond le contenu affiché ? …… / 2 points

☐ 1 ☒ 2 ☐ 3 ☐ 4 ☐ On ne peut pas savoir car toutes les diapositives sont vides.

b. Si on clique dans la zone A, pour insérer une diapositive : …… / 2 points

☐ on insère une diapositive au début de la présentation.
☐ on insère une diapositive à la suite de la diapositive 1.
☒ on insère une diapositive à la suite de la diapositive 2.
☐ on insère une diapositive à la fin de la présentation.

6 **La fenêtre ci-dessous permet de configurer la mise en forme sur un logiciel de traitement de texte. Que se passe-t-il pour le paragraphe concerné si on sélectionne l'option « Double » dans ce menu ?** …… / 4 points

☒ Il y aura une ligne d'espace vide entre chaque ligne, au sein des paragraphes.
☐ La taille des lettres des paragraphes sera doublée.
☐ La taille de la page sera doublée.
☐ L'espace entre chaque paragraphe sera doublé.

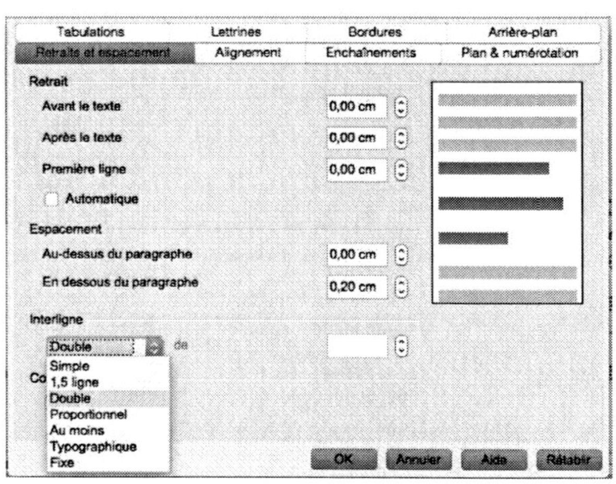

Calculez votre score : …………… / 20

Entraînez-vous encore !

C'est bien, vous progressez !

Bravo, vous êtes au point !

Pour continuer l'entraînement, rendez-vous sur **Pix.fr** !

Vers Pix

Création de contenu

9. Développer des documents multimédias

Prénom : ....

Date : ....

Nom : ....

Classe : ....

Faites le point sur vos connaissances en répondant aux questions suivantes.

1 **Observez la capture d'écran ci-contre. Combien de temps dure cette vidéo ?** ...... / 2 points

- ☐ 5 minutes.
- ☐ 5 heures.
- ☐ 55 secondes.
- ☒ aux alentours de 2 minutes.

2 **Quel est l'intérêt d'utiliser une image vectorielle ?** ...... / 2 points

- ☐ On dessine des images uniquement avec des vecteurs.
- ☒ Même si on zoome sur l'image, sa qualité graphique ne se dégrade pas.
- ☐ Elle a une meilleure couleur que les images en format .jpeg.

3 **Quand on insère une image dans un document texte, son nom est inscrit dans le texte.** ...... / 2 points

- ☐ Oui, systématiquement.
- ☐ Oui, mais pour les images de type .jpg uniquement.
- ☒ Non.
- ☐ Non, sauf pour les images .tiff.

4 **La capture d'écran ci-dessous correspond à une vidéo en cours de lecture sur le site Internet YouTube. À quoi correspondent les réglages de qualité qui s'affichent sur la droite de l'écran ?** ...... / 3 points

- ☒ Au nombre de pixels en hauteur des images.
- ☐ Au nombre d'images par seconde dans la vidéo.
- ☐ À la vitesse de transmission de la liaison Internet, en Ko/s.

5 **Quel outil peut-on utiliser pour dessiner une flèche entre les deux ronds ?** ...... / 3 points

- ☐ 1
- ☐ 2
- ☐ 3
- ☒ 4
- ☐ 5
- ☐ 6

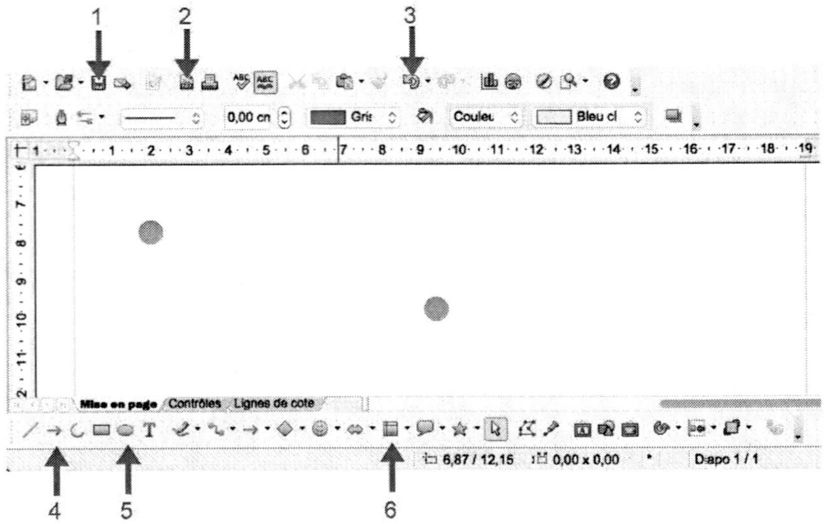

6 **Citez un format d'image qui peut être animé :** ...... / 2 points

.gif...

7 **Pour enregistrer une image de castor trouvée sur Internet, il faut cliquer droit avec la souris sur l'image, puis sélectionner le menu :** ...... / 2 points

- ☐ 1
- ☐ 2
- ☐ 3
- ☒ 4
- ☐ 5
- ☐ 6

8 **Quand on insère une image dans un fichier texte, l'image est :** ...... / 2 points

- ☐ forcément derrière le texte.
- ☐ forcément devant le texte.
- ☒ comme on le souhaite dans son positionnement par rapport au texte.
- ☐ insérée entre deux mots, au mieux dans le texte.

9 **Quel est le format d'image qui permet de gérer la transparence, afin de voir ce qu'il y a en arrière-plan de l'image ?** ...... / 1 point

☐ .jpg ☐ .jpeg ☐ .trans ☒ .png ☐ .doc

10 **Quel est le format d'une vidéo ?** ...... / 1 point

☐ .png ☐ .pdf ☐ .mp3 ☒ .mp4 ☐ .ppt

Calculez votre score : .... / 20

Entraînez-vous encore !

C'est bien, vous progressez !

Bravo, vous êtes au point !

Pour continuer l'entraînement, rendez-vous sur **Pix.fr** !

Vers Pix

Création de contenu

10. Adapter les documents à leur finalité

Prénom : ....

Date : ....

Nom : ....

Classe : ....

Faites le point sur vos connaissances en répondant aux questions suivantes.

1 **Observez la capture d'écran ci-dessous d'un logiciel de traitement de texte. Dans un pied de page d'un document, entourez le champ à sélectionner pour numéroter les pages.** ...... / 2 points

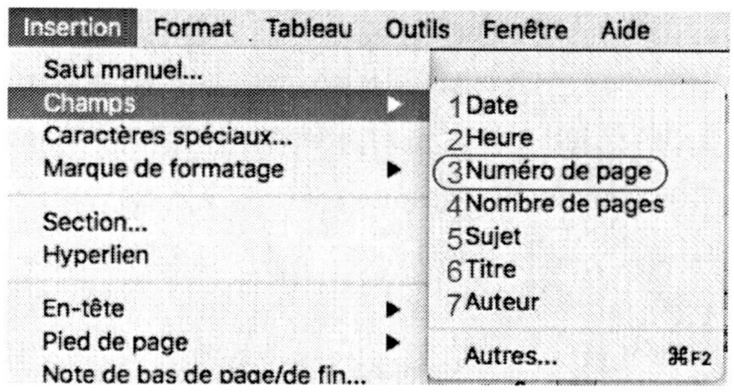

2 **Quand on insère une phrase dans un pied de page, se répète-t-elle sur toutes les pages du document ?** ...... / 2 points

☒ Oui.

☐ Non, uniquement sur la page où cela a été inséré.

☐ Oui, mais uniquement si cela a un lien avec le nom du document.

☐ Oui, mais uniquement si cela a un lien avec l'auteur du document.

3 **Le format des documents « .csv » est-il un « format ouvert » ?** ...... / 2 points

☒ Oui. ☐ Non.

4 **Le format « .csv » permet de représenter des fichiers texte, des données dans un tableur ou des présentations diaporama.** ...... / 2 points

☐ Vrai. ☒ Faux.

5 **Observez ci-dessous la fenêtre des propriétés d'un document. Quelles sont les affirmations correctes ?** ...... / 3 points

☒ Alexis a créé ce document.

☐ Brigitte a créé ce document.

☒ Alexis est l'auteur initial de ce document.

☐ Brigitte est l'auteure initiale de ce document.

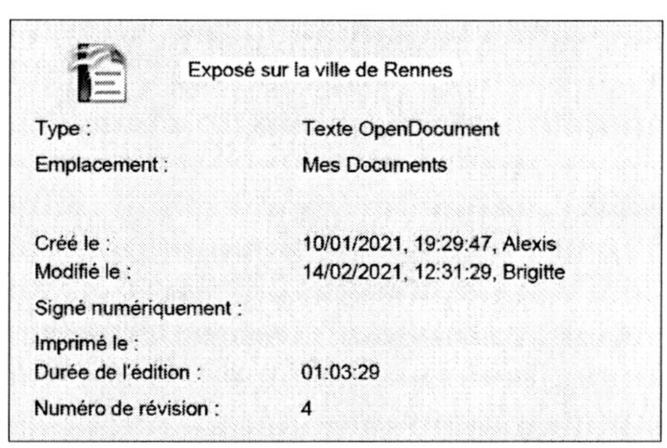

6 Observez le fichier ci-dessous. Combien de pages seront imprimées avec cette mise en forme du tableau ?

...... / 2 points

☐ 1
☒ 2
☐ 3
☐ 6
☐ 8

	A	B	C	D	E	F	G	H
1								
2								
3	Prénom	Note	Position	Fin ?	Numéro	Thème	Couleur	Niveau
4	Alexis	13	Centre	Oui	3	Art	Bleu	Moyen
5	Bernard	14	Droite	Non	5	Histoire	Rouge	Haut
6	Yohan	12	Centre	Non	1	Art	Vert	Moyen
7	Fatoumata	15	Droite	Oui	7	Dessin	Jaune	Moyen
8	Isidore	19	Arrière	Oui	18	Sculpture	Violet	Moyen

7 Combien de pages seront imprimées avec cette configuration d'impression ?

...... / 3 points

☐ 1
☐ 2
☒ 4
☐ 10
☐ 14

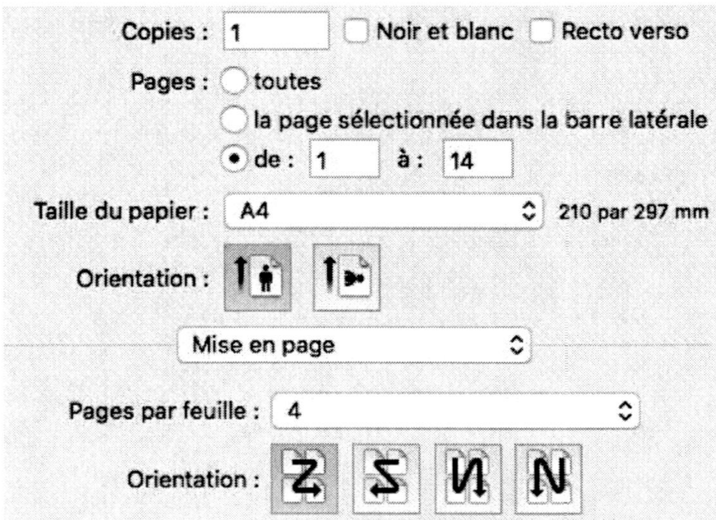

8 Quand on insère une zone « en-tête » dans un document réalisé avec un logiciel de traitement de texte, les marges de la page sont modifiées automatiquement pour laisser toujours autant de place pour écrire du texte dans les pages.

...... / 2 points

☐ Oui.
☒ Non.
☐ Oui, sauf si on insère aussi un pied de page, afin d'équilibrer la présentation.

9 La capture écran ci-dessous provient d'un logiciel de traitement de texte. Comment appelle-t-on la phrase entourée en bas du document ?

...... / 2 points

☐ Une référence explicative.
☐ Un détail de précision.
☐ Un report de la définition d'un mot.
☒ Une note de bas de page.

Le siège de cette entreprise se situe à Berlin[1], près de la porte de Brandebourg. Plus de personnes y travaillent.

1. Berlin est la capitale de l'Allemagne.

Calculez votre score : .... / 20

Entraînez-vous encore !

C'est bien, vous progressez !

Bravo, vous êtes au point !

Pour continuer l'entraînement, rendez-vous sur **Pix.fr** !

Vers Pix

Création de contenu

II. Programmer

Prénom : .... Date : ....

Nom : .... Classe : ....

Faites le point sur vos connaissances en répondant aux questions suivantes.

1 Quel est le code binaire du chiffre 5 ? ...... / 2 points

☐ 005 ☐ 100 ☒ 101 ☐ 110 ☐ 505

2 Qu'est-ce que le code « ASCII » ? ...... / 2 points

☐ Un code qui permet de connaître la position des touches sur le clavier.
☒ Un code qui permet de coder sur 8 bits toutes les lettres, ainsi que les chiffres, les ponctuations et les symboles particuliers.
☐ C'est le code binaire naturel pour coder les nombres sur 8 bits.
☐ C'est un code qui permet de transmettre des informations *via* une connexion sans fil, entre deux appareils connectés.

3 Dans ce code HTML, que faut-il ajouter pour que les deux villes qui sont citées soient des titres de niveau 2 ? ...... / 3 points

```
<h1>La Bretagne</h1>
<p>La Bretagne est ma passion. Avec ce site
internet, je vous vous faire découvrir ma
passion, et la passion de cette magnifique
région</p>
La ville de Quimper
<p>C'est la première ville dont j'aimerai vous
parler, car j'y suis né.</p>
La ville de Rennes
<p>Cette ville est la capitale régionale, et
```

☐ <titre 2> La ville de Quimper </titre 2> et <titre 2> La ville de Rennes </titre 2>
☐ <p2> La ville de Quimper </p2> et <p2> La ville de Rennes </p2>
☐ <La ville de Quimper = titre 2> et <La ville de Rennes = titre 2>
☒ <h2> La ville de Quimper </h2> et <h2> La ville de Rennes </h2>

4 Quelle séquence d'instruction suit le pion pour tracer le chemin indiqué, sachant qu'on peut répéter la séquence de mouvement haut (H), bas (B), droite (D) ou gauche (G) selon la logique 3(HB) : HBHBHB ? ...... / 3 points

☐ D.6(HHDBB) ☐ 5(DHHDBB)DHDB ☒ 6(D.2(H).D.2(B)) ☐ D.6(HHDBBD)

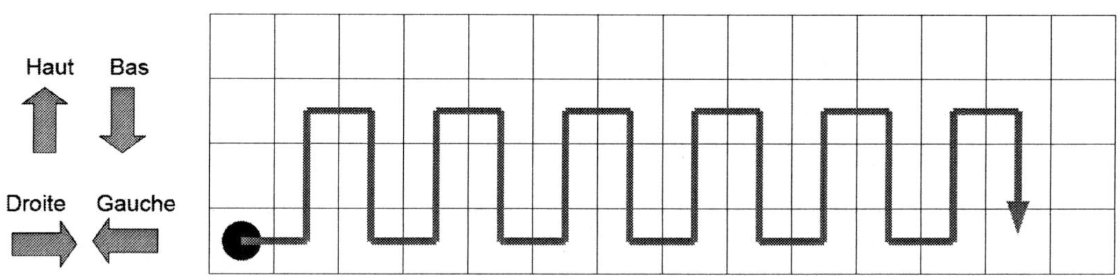

5 Que faut-il renseigner dans les lignes 7 et 8 du programme pour que le pion fasse la trajectoire illustrée ? ...... / 3 points

☐ aller.haut() et aller.droite() ☒ aller.bas() et aller.droite()
☐ aller.haut() et aller.bas() ☐ aller.droite() et aller.haut()

```
1   aller.haut()
2   aller.droite()
3   aller.haut()
4   aller.droite()
5   aller.haut()
6   aller.droite()
7
8
```

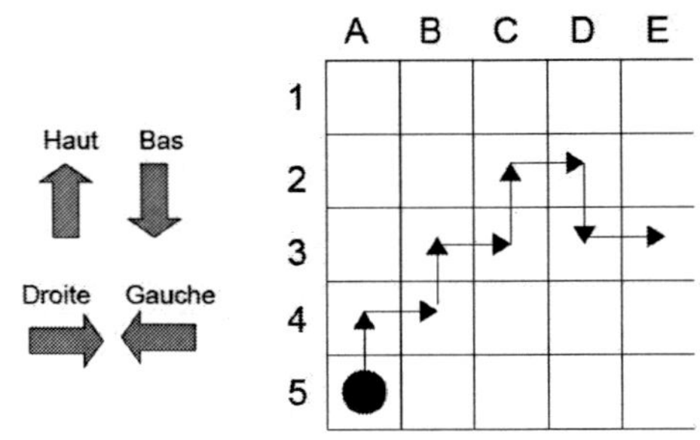

6 Quel nombre faut-il mettre dans la boucle de répétition pour que le pion arrive dans la case C3, en partant de la case D4 et en suivant l'algorithme ? ...... / 3 points

☐ 0
☐ 1
☒ 2
☐ 3
☐ 4

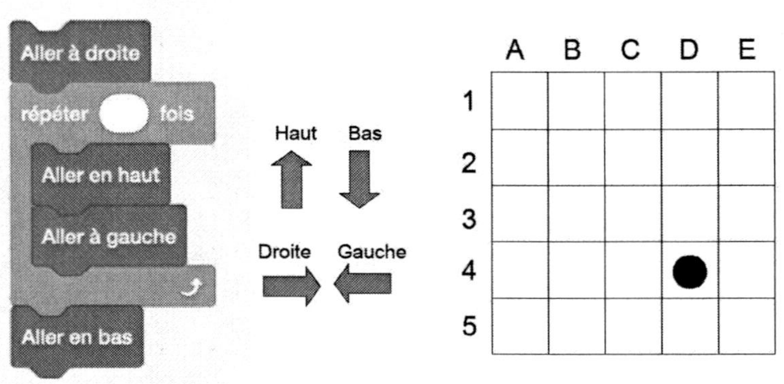

7 Le CSS est un langage informatique qui : ...... / 2 points

☐ décrit les connexions des appareils sur Internet.
☐ permet de piloter le mouvement de robots.
☐ traite les bases de données.
☒ décrit la présentation des fichiers HTML.

8 Combien de couleurs différentes peut-on théoriquement coder avec le codage RVB ? ...... / 2 points

☐ 1 Méga octet de couleurs.
☒ 16 777 216 couleurs (soit le résultat de 256*256*256).
☐ 256 couleurs.
☐ 768 couleurs (soit le résultat de 256*3).

Calculez votre score : .... / 20

Entraînez-vous encore !

C'est bien, vous progressez !

Bravo, vous êtes au point !

Pour continuer l'entraînement, rendez-vous sur **Pix.fr** !

Vers **Pix**

Protection et sécurité

12. Sécuriser l'environnement numérique

Prénom : ....

Date : ....

Nom : ....

Classe : ....

Faites le point sur vos connaissances en répondant aux questions suivantes.

1 **Parmi les réseaux qui s'affichent ci-dessous, quels sont ceux qui ne sont pas sécurisés quand on s'y connecte ?** ...... / 2 points

☐ Ceux qui ont moins de 4 barres de connexion wifi.
☐ Tous ceux qui ne sont pas chez des opérateurs Internet.
☒ Tous ceux qui n'ont pas le dessin du cadenas.
☐ Systématiquement ceux qui ont un nom trop simple.

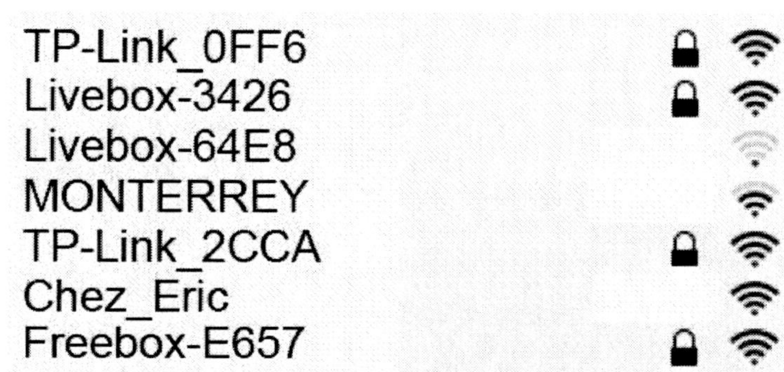

2 **Sur l'image ci-dessous, entourez les logiciels qui permettent d'offrir à un ordinateur une protection contre les virus ?** ...... / 2 points

3 **Parmi les actions listées ci-dessous, lesquelles peuvent présenter un risque d'attaque informatique ? Cochez la ou les bonnes réponses.** ...... / 4 points

☒ Ouvrir une pièce jointe attachée à un courrier électronique.
☐ Essayer d'ouvrir un fichier de musique avec un navigateur Internet.
☒ Accéder au contenu d'une clé USB.
☐ Lire des tweets.
☐ Lancer plus de 8 logiciels en même temps.
☐ Accepter des amis sur Facebook.
☒ Télécharger des logiciels depuis des non sites non officiels.
☐ Ajouter une nouvelle personne à son carnet de contact.
☒ Désactiver les mises à jour automatiques du système d'exploitation.
☐ Utiliser un agenda partagé.
☐ Envoyer un email avec des personnes en copie cachée.
☒ Utiliser une ancienne version d'un logiciel antivirus.

4 **Quand on reçoit un email qui propose de cliquer sur un lien, comment peut-on savoir s'il s'agit d'un email frauduleux ?** ...... / 2 points

☐ En cliquant sur le lien et en observant le site qui s'ouvre.
☐ En effaçant l'email.
☐ En mettant une couleur en arrière-plan, afin de voir s'il n'y a pas du texte caché.
☒ En passant la souris, sans cliquer, sur le lien pour voir à quelle adresse Internet elle correspond, afin d'identifier des adresses qui présentent des anomalies.

5 **Une tentative de téléchargement d'un fichier sur Internet a provoqué l'ouverture de cette fenêtre. Que faut-il faire ?** ...... / 3 points

☒ Surtout ne pas tenter de télécharger le logiciel.
☐ Continuer le téléchargement, car le logiciel antivirus a détecté la menace et nous protège.
☐ Désactiver le logiciel antivirus pour pouvoir télécharger le fichier, qui est nécessaire.

6 **Parmi les identifiants de connexion ci-dessous, lesquels ne sont pas suffisamment protégés par un mot de passe satisfaisant ?** ...... / 2 points

☒ identifiant : nathalie78@free.fr — mot de passe : nathalie78
☐ identifiant : bernard.poignard@orange.fr — mot de passe : Bernard(poi)19
☒ identifiant : medhidunord@icloud.com — mot de passe : mehdiicloud
☐ identifiant : geraldine@monmagasin.com — mot de passe : 7843[]Ger

7 **Observez la boîte de réception. Entourez les emails qui vous semblent malveillants ?** ...... / 3 points

☐	De	Objet	Date
☐	Alexis	Bulletin de paie	18 mars 2021
☐	compte-client3242@edf.fr	Facture à régler	17 mars 2021
☐	no-reply@airfrance.fr	Annulation vol	12 mars 2021
☐	Sylvain (sylvain13@icloud.com)	[Important] bon année	07 mars 2021
☐	Ministère de l'éducation nationale	Note aux parents	06 mars 2021
☐	Crédit agricole (bab29@gmail.com	Alerte carte bleue	06 mars 2021

8 **Qu'est-ce que l'hameçonnage ?** ...... / 2 points

☒ Une technique frauduleuse incitant quelqu'un à communiquer ses données en se faisant passer pour quelqu'un de confiance.
☐ Une technique qui consiste à faire croire qu'il y a un problème technique.
☐ Une technique qui consiste à inciter une personne à télécharger un fichier.

Calculez votre score : .... / 20

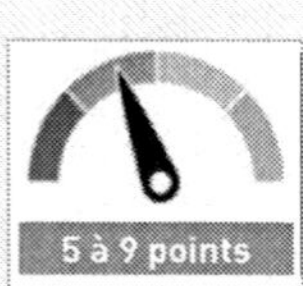

Entraînez-vous encore !

C'est bien, vous progressez !

Bravo, vous êtes au point !

Pour continuer l'entraînement, rendez-vous sur Pix.fr !

Vers Pix

Protection et sécurité

13. Protéger les données personnelles et la vie privée

Prénom : ....

Date : ....

Nom : ....

Classe : ....

Faites le point sur vos connaissances en répondant aux questions suivantes.

1 Que peut-on dire de cette application installée sur un smartphone ? ...... / 3 points

☒ Elle peut inscrire des rendez-vous dans l'agenda du smartphone.
☐ Elle peut utiliser la caméra du smartphone.
☒ Elle peut avoir accès aux coordonnées de l'annuaire du smartphone.
☐ Elle peut connaître la position exacte du smartphone.

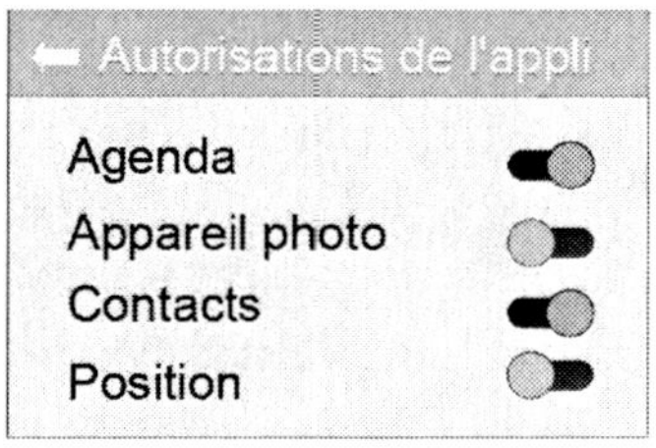

2 Quand on utilise des outils numériques, on est amené à fournir de très nombreuses données personnelles. Quel est l'objectif des lois qui encadrent l'utilisation de ces données ? ...... / 2 points

☐ Améliorer la connaissance des comportements des gens.
☐ Étudier les comportements pour mieux répondre aux besoins.
☐ Assurer la liberté d'expression.
☒ Protéger la vie privée des personnes.

3 Le nom d'une personne apparaît sur Internet, sans qu'elle l'ait demandé. Quelle peut en être la raison ? ...... / 2 points

☐ Cette personne s'est inscrite récemment pour refaire sa carte d'identité.
☐ Cette personne a ouvert un compte pour avoir Internet à la maison.
☒ Cette personne apparaît dans un article de presse.
☐ Cette personne vient de faire des achats dans une grande surface.

4 Un site Internet peut garder en mémoire les traces de notre passage, en enregistrant sur notre ordinateur : ...... / 2 points

☒ des cookies.
☐ des algorithmes de passage.
☐ des trackers.
☐ un fichier que l'on retrouve dans l'historique de la navigation.

5 Que doit-on faire, en France, quand on collecte des données personnelles *via* un site Internet ? ...... / 3 points

☐ On doit les vendre à un opérateur de sondage.
☒ On doit informer les personnes sur l'objectif de la collecte de ces données.
☒ On doit mettre en place ce qu'il faut pour que chaque personne puisse consulter, rectifier ou supprimer ses données.
☐ On met en place une architecture informatique qui permet de garder ces données indéfiniment.

6 Observez le message publicitaire ci-dessous. Dans quelle zone faut-il cliquer pour arrêter de recevoir ce genre de messages ?

...... / 3 points

☐ 1 ☐ 2 ☒ 3 ☐ 4 ☐ 5

7 Cette fenêtre concerne une activité d'un compte Facebook. Que peut-on dire ?

...... / 3 points

☒ À chaque fois que ce compte publie un message, tout le monde peut le voir.
☐ Les publications de ce compte sont protégées par un mot de passe.
☐ On ne peut pas faire en sorte que tout le monde puisse voir ce qu'on écrit dans les messages publiés.
☒ Tout le monde peut savoir qu'on consulte une autre page de Facebook.

Votre activité	Qui peut voir vos futures publications ?	**Public**	Modifier
	Examinez toutes les publications et tous les contenus dans lesquels vous êtes identifié(e)		Utiliser l'historique personnel
	Limiter l'audience des publications que vous avez ouvertes aux amis de vos amis ou au public ?		Limiter l'audience des anciennes publications
	Qui peut voir les personnes, Pages et listes que vous suivez ?	**Public**	Modifier

8 Si on se contente d'effacer l'historique de navigation d'Internet :

...... / 2 points

☒ la saisie semi-automatique dans la barre d'adresse ne va plus fonctionner.
☐ les cookies seront aussi effacés.
☐ la connexion aux espaces personnels ne va plus fonctionner.

Calculez votre score : .... / 20

Entraînez-vous encore !

C'est bien, vous progressez !

Bravo, vous êtes au point !

Pour continuer l'entraînement, rendez-vous sur **Pix.fr** !

Vers **Pix**

Protection et sécurité

14. Protéger la santé, le bien-être et l'environnement

Prénom : ....

Date : ....

Nom : ....

Classe : ....

Faites le point sur vos connaissances en répondant aux questions suivantes.

1 **Observez ci-dessous les trois fenêtres d'affichage des paramètres d'impression d'un document. Entourez la configuration qui permettra d'économiser le plus de pages pour imprimer ce document de 80 pages.** ...... / 2 points

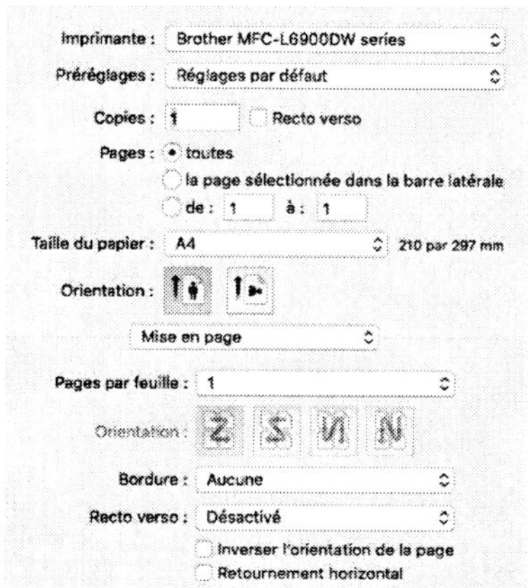

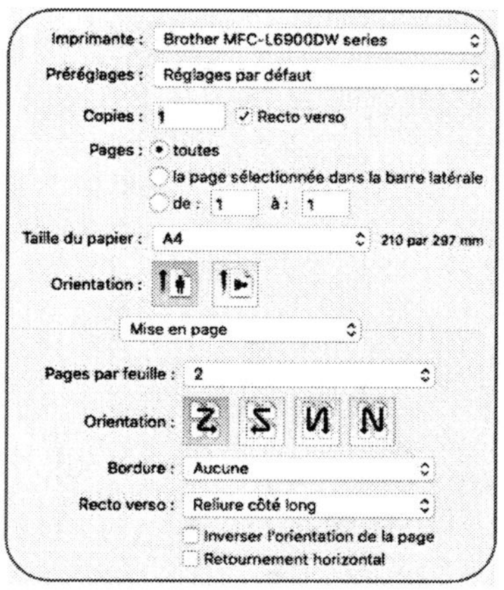

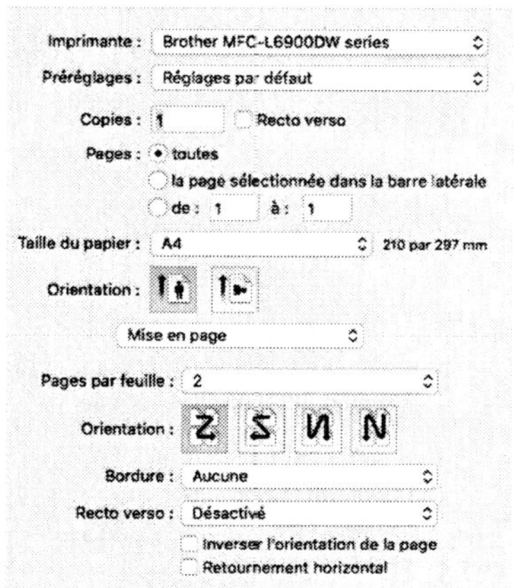

2 **Que peut-on faire pour limiter la réception des ondes électromagnétiques émises par des smartphones ?** ...... / 2 points

- ☒ Garder ses distances avec son téléphone.
- ☒ Limiter les communications.
- ☐ Baisser le volume dans les écouteurs.
- ☒ Éteindre son smartphone la nuit.
- ☐ Le mettre dans une poche de vêtement qui peut se fermer.

3 **Quelle est la bonne attitude à adopter quand quelqu'un utilise à notre insu notre compte sur les réseaux sociaux pour diffuser des messages insultants ?** ...... / 2 points

- ☒ Porter plainte.
- ☒ En parler avec d'autres personnes responsables.
- ☐ Fermer en urgence son compte bancaire.
- ☐ Limiter sa connexion sur les autres réseaux sociaux.

4 **Qu'est-ce qui consomme énormément d'énergie dans un « data center » (centre de stockage des données) ?** ...... / 2 points

- ☒ L'alimentation électrique des ordinateurs qui travaillent.
- ☐ L'alimentation électrique du système de sécurité pour les protéger.
- ☒ La climatisation des salles.
- ☐ Les lumières qui éclairent les salles lors des interventions techniques.
- ☐ Le système de radiateur pour chauffer les salles.

5 **Quand on achète un ordinateur ou un smartphone, l'impact environnemental de cet achat est uniquement lié à l'utilisation de cet appareil.** ...... / 1 point

☐ Oui, et plus on l'utilise, plus on pollue.
☒ Non, car il faut aussi tenir compte de l'impact lié à la fabrication de l'appareil et à son traitement quand il arrive en fin de vie.
☐ Non, car il faut aussi tenir compte de l'impact psychologique sur les gens.

6 **Si on souhaite limiter la consommation d'énergie de son ordinateur, tout en pouvant reprendre rapidement son activité après une pause, quel mode peut-on utiliser ?** ...... / 1 point

☒ Veille ☐ Avion ☐ Externe ☐ Windows ☐ Sommeil

7 **Quand on travaille sur un ordinateur, assis à un bureau, quels sont les postures à favoriser pour éviter le mal de dos ?**

a. Les pieds doivent être : ...... / 1 point

☒ posés à plat sur le sol. ☐ surélevés par rapport au sol. ☐ sur la pointe des pieds.

b. Les coudes doivent être : ...... / 1 point

☐ complètement repliés. ☐ complètement dépliés. ☒ à angle droit.

c. Les jambes doivent être : ...... / 1 point

☐ croisées. ☒ à angle droit. ☐ totalement tendues vers l'avant.

d. Les yeux doivent être : ...... / 1 point

☒ alignés avec le haut de l'écran. ☐ alignés avec le milieu de l'écran.
☐ alignés avec le bas de l'écran.

8 **Un écran diffuse de la lumière bleue. Cette lumière bleue bloque la fabrication de la mélatonine, une hormone qui favorise l'endormissement. Quelle est la conséquence de regarder des écrans avant de s'endormir ?** ...... / 2 points

☐ On voit une lumière bleue quand on ferme les yeux.
☒ On a plus de mal à s'endormir naturellement.
☐ La lumière bleue va provoquer une forme de cyber harcèlement.

9 **Quand un enfant passe de nombreuses heures à jouer sur son téléphone, qu'il dort peu, et qu'il n'a même plus le temps de voir ses amis, cela s'appelle :** ...... / 2 points

☐ la cyber dépendance. ☒ la cyber addiction.
☐ la virtualisation. ☐ la chute sociale.

10 **Dans une situation de cyberharcèlement, dans quel cas peut-on faire appel à la police ou à la gendarmerie ?** ...... / 2 points

☒ Quand on reçoit des emails d'insulte, de manière répétée.
☐ Quand des parents restreignent l'utilisation d'Internet à leurs enfants.
☒ Quand on publie sur des réseaux sociaux des fausses informations sur nous.
☐ Quand on reçoit une invitation à un concert, envoyée à plus de 1 000 personnes.

Calculez votre score : .... / 20

Entraînez-vous encore !

C'est bien, vous progressez !

Bravo, vous êtes au point !

Pour continuer l'entraînement, rendez-vous sur Pix.fr !

Vers **Pix**

Environnement numérique

15. Résoudre les problèmes techniques

Prénom : ....

Date : ....

Nom : ....

Classe : ....

Faites le point sur vos connaissances en répondant aux questions suivantes.

1 Si une connexion Internet provenant d'une box personnelle est soudainement stoppée et que le redémarrage de l'ordinateur ne règle pas le problème, quelles actions peuvent alors être menées ? ...... / 2 points

☐ Redémarrer l'ordinateur une 2e fois, mais cette fois-ci en débranchant assez longtemps la prise électrique.
☒ Éteindre et rallumer la box Internet.
☐ Utiliser un autre navigateur Internet.
☐ Vérifier la mise à jour de son antivirus.

2 L'écran ci-contre correspond à la présentation d'une application. Pourquoi ne peut-elle pas encore être utilisée sur ce smartphone ? ...... / 2 points

☐ Elle est interdite par le fabricant du smartphone.
☐ Elle est trop volumineuse pour l'espace mémoire qu'il reste sur le smartphone.
☐ Elle ne fonctionne que sur les autres types de smartphones.
☒ Elle n'a pas été installée sur le smartphone.
☐ Il faut un âge minimum pour l'utiliser en toute tranquillité.

3 Quelle icône faut-il sélectionner si on souhaite connecter cet appareil à Internet grâce au réseau 3G ? ...... / 2 points

☐ 1
☐ 2
☐ 3
☐ 4
☐ 5
☒ 6
☐ 7

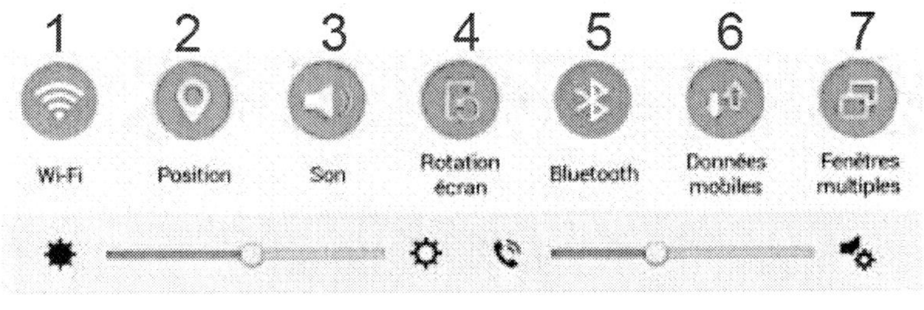

4 Quelles sont les caractéristiques d'une connexion bluetooth ? ...... / 3 points

☐ Elle doit être associée à une connexion wifi pour fonctionner.
☒ Elle permet de connecter des appareils qui ne sont pas trop distants.
☐ Elle consomme des données sur un forfait de téléphone mobile.
☒ Elle permet de connecter un téléphone à une enceinte de son.
☐ Elle ne peut pas être utilisée sur un téléphone s'il est en même temps connecté au wifi.

5 **Observez la capture d'écran ci-dessous. En cas d'oubli du mot de passe, comment peut-on se connecter à ce site Internet ?** ...... / 3 points

☐ On appelle par téléphone le propriétaire du site, pour le lui dire.
☐ On teste tous les mots de passe possibles.
☒ On renseigne son email pour recevoir la procédure à appliquer.
☐ On s'inscrit avec un autre compte.

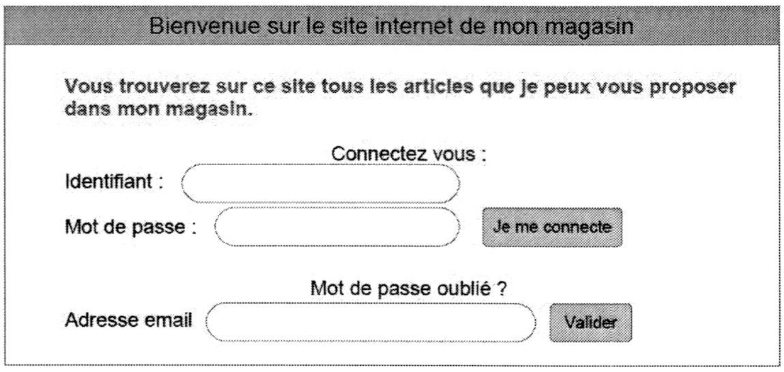

6 **Avec quel type de connexion peut-on utiliser ce scanner ?** ...... / 3 points

☐ Connexion Noir/Blanc ☒ Connexion Wifi ☒ Connexion USB ☐ Connexion optique

SCANNER MODERNE

Les points forts :
- Scanner à feuilles - portable
- Résolution optique : 600 dpi x 600 dpi
- Couleur/monochrome (double couche)
- Type d'interface : USB 3.0, Wi-Fi(n)
- Taille maximale de document pris en charge : 215.9 x 1828.8 mm
- Type de document pris en charge : Papier uni, carte de visite, Carte en plastique, photo, reçus
- Fonctions du scanner : Alimenté par port USB, Wi-Fi Protected Setup

7 **En tapant son nom dans un traitement de texte, Quentin voit s'inscrire à chaque fois « Auentin ». Quelle peut en être la raison ?** ...... / 2 points

☐ Le site Internet reconnaît un ancien prénom, et le corrige à chaque fois.
☐ Le correcteur d'orthographe est mal configuré.
☒ Le clavier a été basculé en mode « Q W E R T Y ».

8 **Parmi la liste proposée ci-dessous, cochez la case des deux câbles qui permettent de relier en filaire un ordinateur à une imprimante réseau.** ...... / 2 points

☒ Câble USB ☐ Câble électrique ☐ Fibre optique ☒ Câble RJ45

9 **Lors de l'impression d'une photo, on se rend compte que l'image n'a pas les bonnes couleurs : elle est clairement d'aspect plus « rose » que son original. D'où peut venir le problème ?** ...... / 1 point

☐ Il y a un problème de connexion entre l'ordinateur et l'imprimante.
☐ Le papier n'est pas adapté pour cette imprimante.
☒ Une des cartouches de couleur doit être vide.

Calculez votre score : .... / 20

Entraînez-vous encore !

C'est bien, vous progressez !

Bravo, vous êtes au point !

Pour continuer l'entraînement, rendez-vous sur Pix.fr !

Vers Pix

Environnement numérique

16. Construire un environnement numérique

Prénom : ....

Date : ....

Nom : ....

Classe : ....

Faites le point sur vos connaissances en répondant aux questions suivantes.

1 Sur un ordinateur portable, plusieurs ports de connexion sont disponibles. Reliez chaque port identifié ci-dessous avec son nom.

...... / 3 points

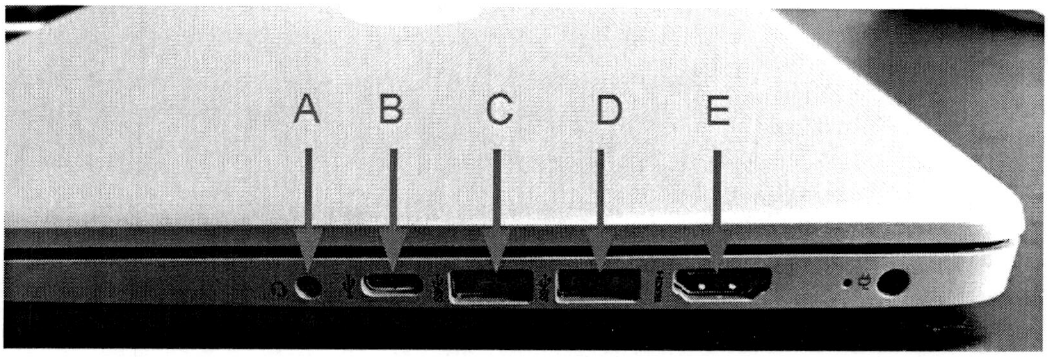

Port A •	• Port HDMI
Port B •	• Port VGA
Port C •	• Port Jack micro
Port D •	• Port USB-B
Port E •	• Port USB-C

2 Quel est le système d'exploitation le plus vendu dans le monde, sur les ordinateurs ?

...... / 2 points

☐ Linux ☐ MacOs ☐ Unix ☒ Windows

3 Parmi ces entreprises, entourez celles qui sont des fournisseurs d'accès à Internet.

...... / 3 points

4 Quels ports permettent de relier un ordinateur à Internet grâce à une connexion filaire ?

...... / 3 points

☐ Jack ☐ HDMI ☒ RJ45 ☐ VGA

5 **Reliez chaque caractéristique technique (1re colonne) de ce smartphone à sa définition (2e colonne).**

32 Go	Épaisseur
5.1'	Taille écran
4 Go RAM	Fréquence processeur
2,3 GHz	Mémoire vive
0,79 cm	Système exploitation
12 MP	Définition appareil photo
Android	Mémoire interne

...... / 3 points

6 **À quoi correspond la série de quatre chiffres indiquée dans l'encadré rouge ?**

- ☐ Le numéro de série de l'ordinateur.
- ☐ Le mot de passe du Wifi.
- ☒ L'adresse IP affectée à l'ordinateur pour qu'il puisse se connecter à Internet.
- ☐ L'adresse IP du réseau informatique, qui est la même qu'on attribue à tous les appareils de ce réseau informatique.

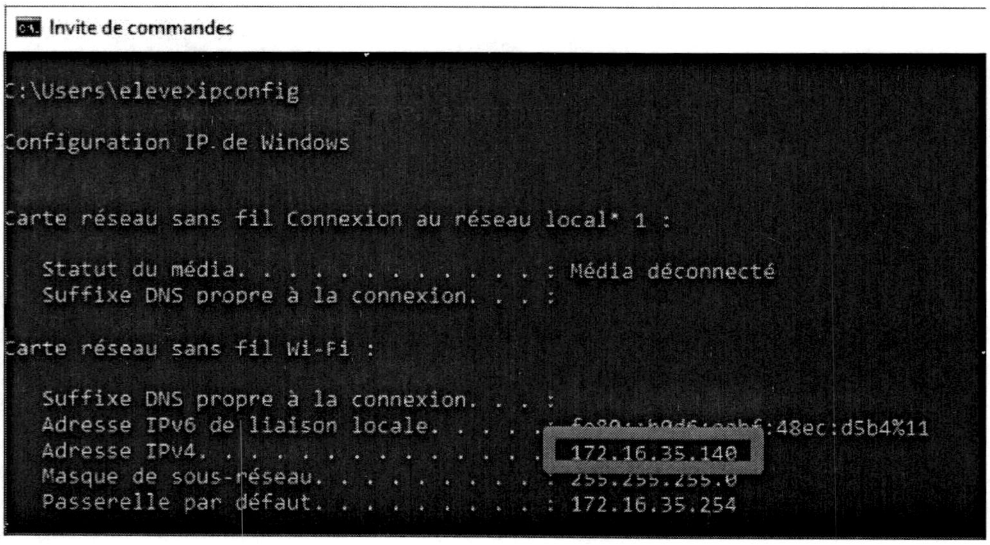

...... / 3 points

7 **Quand on allume un ordinateur qu'est-ce qui se lance d'abord ?**

- ☒ Le système d'exploitation.
- ☐ La connexion Internet.
- ☐ Le logiciel antivirus.
- ☐ L'explorateur de fichiers.

Calculez votre score : .... / 20

Entraînez-vous encore !

C'est bien, vous progressez !

Bravo, vous êtes au point !

Pour continuer l'entraînement, rendez-vous sur **Pix.fr** !